Gabriele Franklin

Kleine Critter

Kommunikationsstörungen & Klärungen

Sprachsicherheitstraining für **Deutsch/Englisch-Anwender** einmal anders

Copyright: © 2023 Gabriele Franklin
Umschlag & Satz: Erik Kinting – buchlektorat.net

Verlag und Druck:
tredition GmbH
An der Strusbek 10
22926 Ahrensburg

Softcover   978-3-384-04566-9
Hardcover   978-3-384-04567-6
E-Book   978-3-384-04568-3

Bibliografische Information der Deutschen Nationalbibliothek:
Die Deutsche Nationalbibliothek verzeichnet diese Publikation in der Deutschen Nationalbibliografie; detaillierte bibliografische Daten sind im Internet über http://dnb.d-nb.de abrufbar.

Kleine **LITTLE CRITTER** Lektionen

©Gabriele Franklin

Gabriele Franklin arbeitet seit ihrem Abschluss am Englischen Institut in Heidelberg (1982) als öffentlich bestellte, allgemein beeidigte Übersetzerin und Dolmetscherin in der Sprachenkombination Deutsch/Englisch – Englisch/Deutsch. Darüber hinaus als freie Trainerin. Sie erbringt sprachmittlerische Dienstleistungen, zudem individuell angepasste Kommunikationsberatungen.

Viel Training ist erforderlich, will man hohe Ziele erreichen, denn
SKILL COMES WITH PRACTICE!

Nicht theoretisches Wissen alleine, sondern die
Kombination von **Übung** mit
kontinuierlicher, praktischer Erfahrung und
Leistungsgeschick **„macht den Meister"**!

Not theoretic knowledge alone, but the
combination of **practice** with
continual, practical experience and prowess
"makes perfect"!

Inhalt

Vorwort

In diesem Mischlingswerk, kombiniert aus bilingualen Sach-, Fach- und Ratgeberperspektiven, werden unter anderem Geschichten erzählt von Menschen, welche sich in entscheidenden Situationen nicht exakt entsprechend ihren Anliegen auszudrücken vermögen. Weshalb es gelegentlich dazu kommt, dass sie nicht beherzter auftreten, um ihre Ziele zu erreichen und sich von ungewohnten Situationen überrumpeln lassen.

Gelungene zwischenmenschliche Kommunikation hängt nicht vom guten Willen alleine ab, nicht vom Zufall, definitiv keineswegs vom Glück. Sondern ganz wesentlich von der Kenntnis der Faktoren, die ins Spiel kommen, wenn **WIR** – Sie wahlweise Du und ICH – auf einander treffen, um uns wechselweise auszutauschen, auf integre Art. Egal vor welchem Hintergrund, außerdem in welcher der hierin adressierten Sprachen wörtlich vermittelt.

Der quasi tägliche Umgang mit gebildeten, starken, selbstsicheren Menschen führt immer wieder aufs Neue vor Augen, dass – wie sagt man noch gleich? – „Wenn jemand etwas von sich gibt, dann gibt dieser jemand auch etwas von sich".

Lässt tief blicken in sein respektive ihr Innerstes, desgleichen in seine beziehungsweise ihre Persönlichkeit, Mentalität, Verfassung etc.

Vereinzelt kommen Anwender von Fremdsprachen nur mühsam zurecht mit Redewendungen, verfügen [noch] nicht über die hierfür unentbehrliche **innersprachliche Mehrsprachigkeit**. Was dazu führen mag, dass sie sich verunsichert fühlen. Etwa so, als hätten sie sich auf fragiles Terrain begeben und wüssten kaum, wann sie bei der Verständigung mittels Worten scheitern werden. Oder, ob alles reibungslos vorangehen wird.

Die Courage, sich zu trauen, im Grau der Alltagsrealität, entfernt von dem Rückhalt versichernden Schwarz auf Weiß in den Lehrmaterialien zur Standardsprache, nicht jede/r beherrscht diese sanfte Kunst. In der Welt der Erwachsenen, in welcher der Anlass einer Begegnung, ebenso wie die Anzahl des Gegenübers, eine maßgebliche Auswirkungsrolle spielen bei der **face-to-face Kommunikation**, werden derartige Rahmenbedingungen zumeist als äußerst hemmend, irritierend, verschiedentlich sogar einschüchternd empfunden.

Abbildung 1 – Beruflich für rund ein Viertel der Erdbevölkerung ein MUSS. Privat ein absolutes PLUS. Allemal sind fundierte Englischkenntnisse ein Asset und häufig der halbe Weg zum ersehnten Ziel.

Linguistischer Fauxpas

Da beinahe jede Situation des täglichen Lebens interpersonelle Kommunikation in Gang bringt, sind sowohl **Sprachgebrauch** – Sprechverhalten, Sprachwandel – als auch **Sprachverwendung** – Ausdrucks-, Darstellungs-, Anwendungsfertigkeiten – brisante Themengebiete, die nicht nur jene Sprachschüler/innen und Fremdsprachenbenutzer/innen beschäftigen dürften, denen dieses Werk gewidmet ist.

Einfachheitshalber wird hierin fortan – zwecks Vermeidung von störend wirkender VER-GE-SCHLECHT-LI-CHUNG – großenteils auf das biologische Femininum verzichtet, stattdessen die grammatisch maskuline Form für Personen beider Geschlechter verwendet.

Präziser Ausdruck führt zu gelungener Verständigung mithilfe von Sprachsystemen. Kommunikative Interaktion basiert allerdings niemals einzig auf der korrekten Anwendung von theoretischem Wissen rund um Wortschatz, Schreibung, Lautung, Grammatikregelapparat einer Einzelsprache.

Die perfekt gelungene Implementierung ergibt sich aus der **Sprachkompetenz**, genauso wie aus der **Performanz**. Sender – Sprecher andernfalls Schreiber – geben in der Alltagspraxis in Worte gefasste Äußerungen von sich. Welche die Empfänger – Zuhörer, je nachdem Leser – im Idealfall vollumfänglich verstehen. Sporadisch trotz Mehrdeutigkeit, Unterschieden in der Aussprache oder Nichteinhaltung von Vorgaben.

Besonders dann, wenn als Arbeitssprache Englisch auf Zweit-, nicht Muttersprachniveau genutzt wird. Was bei mehreren tausend Millionen Erdenbürgern der Fall sein dürfte. Parallel jedoch Kommunikation mit dem sozialen Umfeld in der jeweils angebrachten Nationalsprache stattfindet. Sei es als eben erst einstudierte Standardsprache. Ansonsten als aktuell zu erlernende Fremdsprache. Dies überwiegend privat. Gelegentlich – dem Vernehmen nach – beruflich. Durch tatkräftige User unterschiedlicher Nationalitäten. Folglich von **Einzelmenschen** natürlichen Ursprungs **mit ungleichartigen Erstsprachen**.

Unausbleiblich – manches Mal mehr, manches Mal weniger – birgt die hinreißende Faszination von fremdartigen Wörtern gewisse Gefahren. Speziell in den Fällen, in welchen unklar ist, was genau das Gegenüber meint. Weil man die verwendete Sprache keineswegs wie die eigene Westentasche kennt. Somit spontan entscheiden muss – im Bruchteil von Sekunden – sich entweder auf das höchstpersönliche **sprachbezogene Bauch-** alternativ **Kopfgefühl** verlassend.

Abbildung 2 – **Kater** im Sinne von TOMCAT oder HANGOVER?
Eindeutig zweideutig! – Clearly Ambiguous!

Diffus wird es auch öfters, wenn die **Lautung** identisch anmutet, die jeweilige **Schreibung** jedoch zu enormen Unterschiedlichkeiten führt, was die entsprechende **Bedeutung** anbelangt. Beispielhaft zwischen:

Abbildung 3 – **MAIL** – Post   **MALE** – Männlich[en Geschlechts]

Es handelt sich um sogenannte **Homophone**. Das sind Wörter, die homofon ~ **gleichklingend** sind, jedoch völlig unterschiedlichen Sinngehalt besitzen. Einige alltägliche, sich nahezu gleich anhörende, in ungleichen Buchstabenzusammensetzungen geschriebene, deutsche Begriffe sind: Bote – Boote; das – dass; dehnen – denen; fast – fasst; Graf – Graph; Grat – Grad; Geste – Gäste; hast – hasst – Hast; Ire – ihre – irre; ist – isst; leeren – lehren; Leuten – läuten; mahlen – malen; Mann – man; Märkte – merkte; mehr – Meer; Miene – Mine; Mus – muss; Mythen – mühten; nahmen – Namen; Pakt – packt; Rad – Rat; Recht – rächt; seid – seit; sie – sieh; Stadt – statt; Uhrzeit – Urzeit; Verse – Ferse; vicl – ficl; Wagen – wagen – Waagen; Wahl – Wal; wahr – war; wieder – wider; wird – Wirt; Zunahme – Zuname etc. Diese beinahe übereinstimmende Aussprache – **Homophonie** – kann zu überraschenden Fehldeutungen führen, einhergehend mit irreführenden Vorstellungen.

Einflussfaktoren, die insbesondere bei unerfahrenen Sprachbenutzern alles möglich machen, falls sie ihren Fokus auf die Lautformung, nicht auf die **Wortfügungen im Kontext** richten. Folglich zwar überzeugt, jedoch nicht im Mindesten – zu keinem Augenblick – sicher sein können, sowohl Intention, Bezugsrahmen, als auch Standpunkt des Übermittlers verstanden zu haben.

Wie apropos im Englischen immer wiederkehrend, bei kontextisolierten Verwechslungen von: air – heir; bad – bat; but – butt; brake – break; buy – by – bye; coma – comma; eight – ate; food – foot; for – four; isle – aisle; marshal – martial; made – mate; meat – meet, our – hour; pane – pain; plaice – place; red – read; scam – scan – sham; sea – see; son – sun; sum – some; wear – where; wood – would. Um einige **«Sound-Alike»** Beispiele aus der englischen Sprache, in Form von landläufigen Ausdrücken mit annähernd <u>unterschiedsloser</u> **Lautung**, dennoch sehr <u>ungleicher</u> **Schreibweise** plus **Bedeutungsumfang** anschaulich gemacht zu haben.

Bei der Pluralbildung kommt es ebenfalls auf die korrekte Anwendung an. Unregelmäßige Pluralformen bei Fremdwörtern bringen viele Deutschanwendende an ihre Grenzen, wie etwa: Datum – Daten; Examen – Examina; Indiz – Indizien; Kaktus

– Kakteen; Plural – Plurale; Taxi – Taxis; Visum – Visa; Motto – Mottos – nicht «Motten»!

Abbildung 4 – Die Mehrzahl von **EI** lautet nicht EIS, sondern EIER!

Es bestehen kapitale Unterschiede in Bezug auf Aussprache, zudem Implikation zwischen einer bel**ei**bten vs. bel**ie**bten Person! Desgleichen zwischen **B**ein – **P**ein; **Br**ise – **Pr**ise; **d**urfte – **d**ürfte; Kö**d**er – Kö**t**er; **k**onnte – **k**önnte; **K**uchen – **K**üchen; **m**usste – **m**üsste; **n**ein – **n**eun; origin**al** – origin**ell**; **Rei**se – **Rie**se; sch**o**n – sch**ö**n; Schr**ott** – Schr**ot**; **wei**ter – **wie**der; **w**urde – **w**ürde; **z**ahlen – **z**ählen und vielen anderen mehr. Je unpräziser die Artikulation, desto größer die Gefahr von falscher Auslegung. Kein Teufelszeug, kein Hexenwerk, bei weitem nicht. Dennoch kann unrichtige Bewerkstelligung der Erzeugung von Lauten verheerende Konsequenzen nach sich ziehen.

Auch das grammatische Geschlecht «Genus des Namenwortes – gender of the noun» ist, wie nachstehend ersichtlich, kontextuell bedeutungsrelevant: **der** See – **die** See; **der** Leiter – **die** Leiter; **der** Kiefer – **die** Kiefer; **das** Teil – **der** Teil; **der** Gehalt – **das** Gehalt; **der** Spektakel – **das** Spektakel; **das** Verdienst – **der** Verdienst; **der** Moment – **das** Moment; **die** Mangel – **der** Mangel; **das** Steuer – **die** Steuer; **der** Erbe – **das** Erbe; **der** Kunde – **die** Kunde; **der** Tau – **das** Tau; **der** Laster – **das** Laster; **der** Otter – **die** Otter; **der** Band/die Bände – **die** Band/die Bands – **das** Band/die Bänder ….

Roman – schriftliche Erzählung? Römer? Oder Vorname????

Homonyme repräsentieren eine weitere beachtenswerte Wortkategorie. Im Deutschen, gleichsam im Englischen verkörpern diese <u>identisch</u> <u>aussehenden</u>, <u>gleichlautenden</u>, allerdings **mehrdeutigen Ausdrücke** irritierende Kompliziertheiten. So geartet, dass sie für wenig Versierte ein korrektes Sinnverstehen oft, wie eine höchst diffizile Geheimwissenschaft – voll Unsicherheitsfaktoren plus Unwägbarkeiten – anmuten lassen. Exempel finden sich auf der Folgeseite:

Der **Flügel** – Tasteninstrument? Fensterflügel? Vogelflügel? Seitenflügel?

Die **Erde** – der Planet? Erdung? Bodenart? Erdreich? Weltkugel?

Die **Bank** – Sitzgelegenheit? Geldinstitut? Werkbank? Notenbank?

Die **Annahme** – Vermutung? Kindesadoption? Postentgegennahme? Akezptanz? etc. pp.

bat – Fledermaus? Baseballschläger? Keule?

date – Datum? Verabredung? Dattel? Termin?

bank – Ufer? Finanzinstitut? Böschung? Bankhaus?

subject – Subjekt? Thema? Fachgebiet? Unterrichtsfach? Untertan? Betreffsvermerk? u. a.

N.B. Als Geschlechtswort, egal ob Singular oder Plural, dient in der englischen Sprache bekanntlicherweise, einzig der bestimmte Artikel «**the**».

Abbildung 5 – DESERT = Wüste, im Gegensatz zu DESSERT = Nachspeise.

Indian – Indianisch? Inder? Indisch? Erinnern Sie sich an den Mann, der sich Christoph Kolumbus nannte? Ja, genau, der italienische Seefahrer, der nach siebzig Tagen auf dem Atlantik in Indien zu sein glaubte. Stattdessen allerdings auf einen wohl bis dahin unbekannten Erdteil, mitsammen dessen ansässigen indigenen Ureinwohnern gestoßen war. Sicherlich ein historisches Ereignis, das ebenso im Geschichts- wie vermutlich auch im Landeskunde-unterricht eingehend behandelt wurde.

Kontinuierlich speichern Schüler Daten plus Fakten nicht permanent im Langzeitgedächtnis ab. Sondern deponieren zweckgerichtet – auswendig gelernte – Details allerhöchstens so lange im Kurzzeitgedächt-nis, bis hin zum anhängigen Klassentest. Hinterher werden diese einstudierten Informationen kurioser-weise mehrheitlich wieder aus der Erinnerung ge-löscht. Obgleich eine Datenüberflutung des Ge-hirns, primär der Festplatte des Gedächtnisses, Experten zufolge, völlig ausgeschlossen ist.

Turkey – Truthahn? Türkei? Seit Mitte 2022 lau-tet, um Unklarheiten vorbeugend auszuräumen, die offizielle internationale Bezeichnung der Republik hinfort Türkiye. Antragsgemäß fand so der endlos anmutende Namenszwist schließlich ein Zank aus-söhnendes Ende.

Gemeinhin stellen sprachenübergreifende Homophone Ungeübte vor Herausforderungen. Wie exemplarisch: b**ee** – b**e** – b**i**; Bl**o**ck – Bl**og**; br**au**sen – br**ow**sen; f**au**l – f**ou**l; f**i**nnisch – f**i**nish; fl**ieh** – fl**ee** – fl**ea**; **I**gel – **ea**gle; kn**ee** – n**ie**; l**ea**der – L**ie**der; l**ie**s – l**ieß** – l**ea**se; M**o**b – M**o**pp; n**ein** – n**ine**; r**u**hte – R**u**te – R**ou**te; s**e**chs – s**e**x; **Sch**oppen – **sh**oppen; St**ea**k – St**eg**; Tr**end** – tr**ennt** etc. pp.

Sound-Alikes werden meistenteils als tückisch empfunden. Offenbar eben deshalb, geradeso wie **Look-Alikes**, als falsche Freunde – Fauxamis – False Friends – Fake Friends – bezeichnet.

Grundsätzlich ist jedem Nachrichtenempfänger ebendeswegen zu **raten**/empfehlen, nicht zu **raten**/spekulieren. Sich stattdessen Wortreihungen und Satzgefüge stets im Sinnzusammenhang zu verinnerlichen. Um nicht in unliebsame Schwierigkeiten zu ge**raten**/hineinzuschlittern. Im Zweifelsfalle, wann immer ein Feedback möglich ist, sich umgehend, zwecks Abklärung, unbedingt an den Sender der Mitteilung direkt zu wenden.

Sowohl Zebras als auch Tiger haben in der Tat Streifen. Allerdings ist im Umkehrschluss nicht alles, was Streifen hat, zwangsläufig entweder ein Zebra oder Tiger.

Kleine Denksportaufgaben:

Sein **Paps** geht oft in **Pubs**.

Sie **campten** in **Kempten**.

Lasst ihn die **Last** nicht alleine tragen!

Ich habe **gehört**, dass das Auto X **gehört**.

Ihr habt den Tisch schön **hingerichtet**.

Morgen, am frühen **Morgen**, wird der Verurteilte **hingerichtet**.

Wir **räumen** die Wohnung **ein**.

Die Verdächtigen **räumen** die Straftaten nicht **ein**.

Die Kinder **rasen** über den **Rasen**.

Es ist unschön, wenn im direkten **Umfeld** jemand **umfällt**.

Die **Botschaft** bleibt heute geschlossen.

Er hat ihre **Botschaft** nicht verstanden.

Der **Verschiedene** hatte, wie wir feststellen **konnten**, **verschiedene Konten**.

Sie bekam **Schelte**, weil sie so oft an Omas Tür **schellte**.

Diese **Ware** ist eine **wahre** Pracht.

Sein **Korps** sang im **Chor**.

Die **Blüte blühte** wunderschön.

Axel zuckte mit der **Achsel**.

Dieses Fass **fasst fast** fünfzig Liter.

Er ist **gerade** gegangen.

Sie ist **eben** gekommen.

Die Wegstrecke ist weder **eben** noch **gerade**. **Gerade** Zahlen mag sie sehr, **ungerade** jedoch nicht.

Der Onkel hat sie nicht ins Haus **gelassen**.

Dennoch blieb sie sehr **gelassen**.

Er **ist** bekannt dafür, dass er viel **isst** und **weiß**, dass **weiß** eine unbunte Farbe **ist**.

Macht zu haben, **macht** so manchen glücklich. Wenn wir die Schlüssel **verlegen**, macht uns das sehr **verlegen**.

Es dürfte Sie nichts **angehen**, wann bei uns die Lichter **angehen**.

Der Chef braucht diese **Unterlagen**.

Wann **unterlagen** Napoleons Truppen in der Schlacht von Waterloo?

Sein Wunsch ist es irgendwann bilingual zu **sein**, deshalb **lässt** er das Nichtstun **sein**.

Konnten Sie alles verstehen?

Wie würden die vorgenannten Sätze in Ihrer Erstsprache und/oder auf Englisch lauten?

Interessant, nicht wahr?

Finden Sie, dass <u>rennen</u> zu wollen, bevor man überhaupt <u>gehen</u> kann, nicht ungefährlich ist?

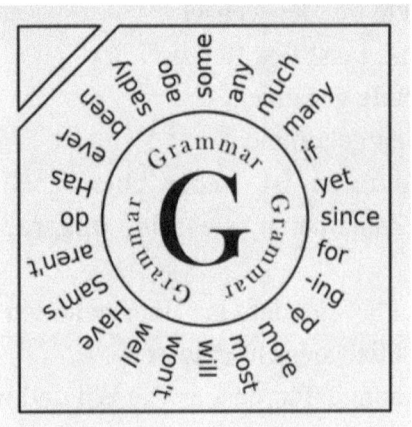

Hinzutretend ist bei sich **äußerlich** stark **ähnelnden** Fake D/E Friends ausgesprochene Vorsicht geboten. Ganz besonders seitens all derjenigen, die sich bezüglich der hier selektierten Sprachen mit gefährlichem Textbuchhalbwissen in einen ungewissen Tag begeben. Dabei in der realen Welt gewiss allerlei Erstaunliches visuell plus auditiv wahrnehmen können. Nachfolgend mehrere Beispiele zu der förmlich **ununterscheidbar** aus-

schauenden Schreibung, allerdings grundverschiedenen Bedeutung einzelner «Deutsch-Englisch»
«Englisch-Deutsch» **Look-Alikes**:

Deutsch	Englisch		Englisch	Deutsch
der **Grips**	wit, intellect		grips	[Festhalte]Griffe
arm	poor	**Falsche**	arm	der Arm
bar	cash	**Freunde**	bar	die Bar. Stange etc.
schnell	**fast**		almost	**fast**
das **Grab**	grave, tomb		to **grab**	[er]greifen, zupacken
brave Jungs	well-behaved boys	**Fauxamis**	**brave** boys	mutige, kühne Jungs
der **Rat**	advice, counsel etc.		rat	die Ratte
der **Rock**	skirt		rock	der Fels
die **Quote**	rate	**False**	quote	das Zitat
der **Smoking**	tuxedo	**Friends**	smoking	das Rauchen, Räuchern
der **Beamer**	projector		beamer	der BMW (Automobil)
alle Tage	every day		all day	den ganzen Tag
also	so, hence	**Fake**	also	auch
der **Brief**	letter	**Friends**	brief	kurz, bündig, knapp etc.
delikat	delicious		delicate	heikel
famos	splendid		famous	berühmt

Der englische Ausdruck «chef» hat auf Deutsch
«Küchenchef; [Chef]Koch» etc. pp. zum Inhalt.
Wohingegen das eingedeutschte Nomen «Chef» auf
Englisch wohl eher «boss, head, leader etc.», nicht
«chief» am nächsten käme.

Das deutsche Hauptwort, Genus: Neutrum, Definit-
artikel: <u>das</u> «**Gift**» bedeutet abhängig von
Verwendungskontext auf Englisch «poison, venom,
toxin». Abweichend entspricht in der deutschen
Sprache das – wie sein eineiiger Zwilling ausschau-
ende – englische Substantiv «*gift*» den deutschen
Nomina «das Geschenk, Mitbringsel, Talent, die
Veranlagung, Gabe, Begabung, Schenkung etc.» je
nach **Gebrauchszusammenhang**.

Eines der weltweit wohl am häufigsten zitierten Beispiele für einen **falschen Freund** dürfte der Zahlenname **Billion** sein. Die Billion steht schulgerecht im kontinentaleuropäischen, auch an BE – British English angelehnten Sprachgebrauch für die Zahl 1.000.000.000.000 = eintausend Milliarden. In US-Sprachverwendungsgepflogenheit stellt 10^{12} = Eins gefolgt von zwölf Nullen «1 trillion» dar. Vielerorts, ebenso in der deutschsprachigen Anwendung, bezeichnet der Zahlenname Milliarde – 1.000.000.000 – eintausend Millionen. Somit im Dezimalsystem eine Eins gefolgt von neun Nullen = 10^{9}. Gesetzt der Fall von Sprachgebrauch in Anlehnung an US-amerikanisches Englisch – AE wird bei **10^{9} «1.000.000.000 = 1 billion** [bɪˈli̯oːn]**»** statt ein tausend Millionen = eine Milliarde verwendet.

Von daher Achtung, denn mitunter ist Englisch nicht gleich Englisch! Pommes Frites sind in BE «chips» – in AE «French fries»; Kartoffelchips heißen in BE «crisps» – in AE «potato chips»; Fahrstuhl bedeutet in BE «lift» – in AE «elevator»; ein Handy wird in BE «mobile» genannt – in AE «cellphone»; Grundschule entspricht in BE «primary school» – in AE «elementary school».

Den meisten der ab **1964/1965** in der BRD Eingeschulten sicherlich noch bestens bekannt aus dem dazumal als Pflichtfach auf alle Sekundarbereiche des mehrgliedrigen Schultypsystems entfaltet implementierten **Englischunterricht** zu BE vs. AE: Mum – Mom; match – game; cheque – check; lorry – truck; holiday – vacation; benefited – benefitted; programme – program; fulfil – fulfill; football – soccer; post – mail; share – stock; shop – store; subway – underground; movie – film; cab – taxi; garbage can – rubbish bin; flat – apartment ….

BE Schreibweise		AE Schreibweise	
-ence Endung:	licence, defence, offence	-ense Endung:	license, defense, offense
-ise Endung:	recognise, criticise, realise	-ize Endung:	recognize, criticize, realize
-our-Endung:	colour, neighbour, honour	-or-Endung:	color, neighbor, honor
-re Endung:	centimetre, theatre, centre	-er Endung:	centimeter, theater, center
-t Endung:	learnt, spelt, smelt	-ed Endung:	learned, spelled, smelled
Mit -ue Endung:	catalogue, dialogue, analogue	Ohne -ue Endung:	catalog, dialog, analog
Doppel L (ll):	jewellry, traveller, cancelled	Einzelnes L (l):	jewelry, traveler, canceled

Insbesondere bei der **Schreibung** gilt es die Spracheigentümlichkeiten zu beachten. Damit ist gemeint möglichst **BE** <u>nicht</u> willkürlich <u>mit</u> **AE** zu <u>mixen</u>. Solch Potpourri wäre für nicht wenige Patrioten extrem schlechter Stil. Obendrein ein enormer, geradezu unverzeihlicher **Fauxpas.**

Alles Details, auf welche im Schulunterricht konstant hingewiesen wird. Ebenso ausdrücklich, wie nachdrücklich. Thematiken, zu denen es Unmengen an Publikationen, in allen gängigen Sprachen zum einen in Buchläden, sowie Bibliotheken, zum anderen auch online 24/7, für jeden frei zugänglich, zu finden gibt. Sonach auch außerhalb herkömmlicher Unterrichtszeiten. Damit jede/r Einzelne stets – vierundzwanzig Stunden am Tag, sieben Tage pro Woche – ihr/sein eventuell passiv gewordenes Wissen, bedarfsgerecht optimieren alternativ wiederauffrischen kann. Sozusagen als unabhängige Präventionsmaßnahme in Eigeninitiative, um **Mischmasch** ein für alle Mal zu unterbinden.

Selbstverständlich erfolgen bei der **Aussprache** ebenfalls bedeutende Nichtübereinstimmungen zwischen typischer **BE** und genuiner **AE Lautung**. Aluminium – aluminum – [phonetisch] British English [ˌæljʊˈmɪnɪəm] – AE [əˈluːmɪnəm], sowie Vitamine – vitamins – BE [ˈvɪtəmɪnz] – American English [ˈvaɪtəmɪnz] sind beide vielfach hierfür angeführte Beispiele. Ob in der Karibik, in Asien, Nordamerika, Australien, einerlei wo sonst auf Erden verwendet, sie existieren: exorbitante, regionale Sprachanwendungsgepflogenheiten.

Die phonetische Lautschrift für die deutsche Artikulation von Aluminium [aluˈmiːni̯ʊm] und Vitamine [vitaˈmiːnə] schaut, wie hier ersichtlich aus. Im Verlaufe von zwischenmenschlicher Verständigung – erst recht beim Umgang mit Spracherkennungssystemen – ist die jeweils **korrekte Lautbildung** von grenzenloser Bedeutsamkeit für das ergebnisreiche Gedeihen.

Diese extraordinären Eigentümlichkeiten sind insgemein **per Konvention festgelegt**, normiert, dazu noch standardisiert. Mit anderen Worten, die <u>Gebrauchsanweisungen</u> sind festumrissen. Zugleich für alle Verwender exakt formuliert. Längst nicht nur in Bezug auf die englische Sprache. Vielmehr jede einzelne Sprache betreffend. Ergo konkret zubenannt, im Hinblick auf den Deutschgebrauch in Österreich, der Schweiz, Deutschland etc. pp.

Was allerdings <u>Anwenderfehler</u> keineswegs zu verhindern vermag. Wie belegt durch einschlägige Literatur. Obendrein Myriaden von Veröffentlichungen allerorts im Netz. Alleine rund um die Thematiken: **Typisch deutsche Englischfehler**; **Fossilierte Fehler**; **Fließend-falsch Sprechende**, sowie Unmengen mehr. Für jeden Lerntyp!

Informative, beschauliche Werke. Mitnichten ausschließlich darüber, wie mit einander geredet wird. Sondern zusätzliche Sachverhalte adressierend, unter anderem die Eigenart, in welcher oftmals <u>über</u> andere gesprochen wird. Exzeptionelle **sprachbezogene Leistungen**, alternativ **Fehlleistungen**, wie einzig Menschen sie im Rahmen von interaktiver Sozialkommunikation erbringen können. Verschiedentlich auf Kosten anderer. Freilich auch darüber, was sie indem jeweils über sich selbst preisgeben.

Interaktionen – analog Kommunikation – zwischen Menschen aus vielerlei Zivilisationen erlangen speziell im Rahmen der zunehmenden Globalisierung, samt der damit einhergehenden Internationalisierung, eine wachsende Bedeutung. Denn Austausch über Ländergrenzen hinweg, weltweite wirtschaftliche, politische, daneben kulturelle Allianzen, Fusionen, Handel, Automatisierung, Mobilität, Massentourismus, Migration, technologischer Fortschritt, multimediale Gemeinschaftsportale, liberalisierter Außenwirtschaftsverkehr, kontinuierlicher Anstieg der Erdbevölkerung, sowie zahlreiche andere ungenannte, jedoch ursächliche Faktoren, führen zu immer mehr Kontakten zwischen Institutionen, Organisationen, Gesellschaften gleichzeitig Individuen mannigfaltiger Nationen, fernerhin verschiedenartiger Kulturen.

Informationen, wie zum Beispiel: Meinungen, Vorstellungen, Gedanken, Erkenntnisse, Erfahrungen, Wissen, Können, Instruktionen, Freude, Hoffnung, Trauer, Trost, Anteilnahme, Ratschläge, Mitgefühl, Wünsche, Pläne, Komplimente, Kritik und vieles mehr – werden wechselseitig verbal, paraverbal, nonverbal, entweder **formell** oder **informell** – je nach Anlass, Zweck und Ziel – global, selektiv alternativ detailliert miteinander ausgetauscht.

Situatives Sprechverhalten, darüber hinaus die tatsächlich verwendete Sprache, nicht die «Soll-Sprachverwendung» sind bei jedweder Art von interaktiv erfolgender zwischenmenschlicher Tuchfühlung einerseits die häufigsten, andererseits die wichtigsten **Erfolgsdeterminanten** des mutuellen sprachbasierten Austausches von Informationen im Verlauf des Dialoggeschehens.

Für das produktive Vonstattengehen von **symmetrischer Individualkommunikation** kraft Sprachsystems kommt es nicht nur auf topaktuelles, fortschrittliches, qualitativ hochwertiges Equipment an. Optimales Gelingen hat beileibe nicht hauptsächlich Energieversorgung, zeitgemäße Gerätschaften, Kompatibilität, Funktionalität der utilisierten Gadgets zum Gegenstand. Ein Scheitern ist bestenfalls vereinzelt ausschließlich auf technisches Versagen zurückzuführen. Im Übrigen niemals vollumfänglich darauf, dass die eingesetzten, automatisierten, Algorithmen-basierten Hilfsmittel längst nicht über **soziale** künstliche Intelligenz verfügen.

Das Erfolgsergebnis als Endresultat hängt nicht vom guten Willen alleine ab. Nie und nimmer von Zufälligkeit. Des Weiteren nicht im Geringsten von Fortuna. Alles in allem jedoch ganz wesentlich von der individuellen Kenntnis der Kriterien, die ins Spiel kommen, wenn wir einander begegnen. Zum alternierenden Senden plus Empfangen von Mitteilungen, auf **integre** – auf einander bezogene – **empathische** Art. Egal in welchem Zusammenhang, fernerhin ungeachtet dessen, in welcher Sprache dieser **konstruktive** Austausch erfolgt.

Es ist irrelevant, ob die kommunikative Interaktion auf Deutsch, optional Englisch geschieht. Oder in einer beliebig anderen, der über 6.000 natürlichen menschlichen Lautsprachen weltweit. Denn solange die hierzu verwendeten <u>Zeichen</u>, die mimischen, gestischen, akustischen, optischen <u>Signale</u>, ebenso die <u>innersprachlichen</u> <u>Register</u>, die Varietäten der jeweiligen Einzelsprache/n, wie: Standard-, Fach-, Alltags-, Regional-, Gruppensprache/n, Kulturdialekte u. v. m. für jeden Mitwirkenden **absolut identische Bedeutung** haben, ist das einerlei.

Abbildung 6 – Die First Nations Totem Poles im Stanley Park in der kanadischen Provinz British Columbia

Vom Sprachtod, sprich Aussterben bedroht. Die Inhalte der geschnitzten Überlieferungen der indigenen Urbevölkerung, in Form von stammessprachlichen Zeichen und Symbolen, können von nahezu niemandem mehr verstanden, folglich auch nicht an die Nachwelt weitergegeben oder mit dieser geteilt werden.

Mustergültig trifft dies ebenfalls zu auf bildhafte Darstellungen 😲 😃 👎, die dem Empfänger **sprachübergreifend** Details – unter anderem – zum Befinden des Senders dartun. Auch hierbei ist von sekundärer Signifikanz, ob es sich bei den aktiv beteiligten Parteien um Muttersprachler handelt, alternativ in einer Fremd- respektive Zweitsprache mit einander kommuniziert wird, solange der **Bedeutungskontext** unterschiedslos aufgefasst wird.

Wenngleich es für disharmonische Interaktion, mehr noch: Für gestörte, zuweilen negative Emotionen auslösende, interlinguistische Kommunikationsprozesse, vereinzelt basierend auf nicht stimmigen Zusammenhängen, verschiedentlich auch sprachlichen Ungereimtheiten, multiperspektivische Auslöser gibt. In diesem handlungs-, nutzungs-, wissensorientierten Werk werden zunächst nicht makellos verlaufende Kommunikationsflüsse aus dem vorstehend genannten Grund beleuchtet: Nämlich dem **Linguistischen Fauxpas**.

Gemeint ist ein sprachlicher Ausrutscher, im Sinne von unbeabsichtigter interlingualer Entgleisung. Kollidierend mit gebräuchlichen Umgangsformen, Anstandsregeln, hinzukommend etablierten Gepflogenheiten. Die Verwendung, Wortwahl, sowie Ausdrucksweise betreffend. Folglich ein falscher Schritt, sprich eine Ungehörigkeit, zuweilen auch Taktlosigkeit. Bei welcher per se der Fehltritt, die Sprechhandlung zwar bewusst getätigt wird. Ohne jedoch, dass sich der kommunizierende Akteur zwangsläufig des in der Vorgehensweise, noch dazu in dem Kommunikationsbeitrag enthaltenen, Unbehagen auslösenden Patzers bewusst ist.

Der Anstoß gebende, Missfallen erregende **linguistische Fauxpas**, egal ob aus Achtlosigkeit, Unbesonnenheit, Bildungs- alternativ Konzentrationsdefiziten, Übereifer, Lampenfieber, Erwartungsstress, Zerstreutheit, mangelhaftem Empfindungsvermögen, fehlender kognitiver Sensibilität etc. begangen, ruft in der Mehrzahl der Fälle weder Bekundungen des Beifalls, noch der Begeisterung hervor. Schadenfreude oder Konsternation vielleicht.

Die besagte – Unwillen, Gespött, Missbilligung, gelegentlich Ärgernis hervorrufende – Zuwiderhandlung verkörpert nicht aggressives Verhalten. Vielfach geschieht die unangenehm auffallende Verfehlung insofern nicht in gewollt bösartiger, beleidigender, unfeiner oder respektwidriger Absicht. Dennoch liegt es im Rahmen des Möglichen, dass des einen **«Tritt ins Fettnäpfchen»** von einem anderen als Affront interpretiert, sprich als Verbalinjurie, Insultierung, Attacke, Provokation, womöglich Diskriminierung auf <u>Beziehungs-</u> unter Umständen sogar <u>Sachebene</u> verstanden wird.

Durch den <u>linguistischen</u> <u>Fauxpas</u> werden mangelhafter Ausdrucksstil, je nachdem Ignoranz desjenigen offenkundig, der den Fehltritt begeht, indem er sich daneben benimmt, unpassend ausdrückt, im Ton vergreift oder aus der Reihe fällt. Was dazu führen könnte, dass die Bewertung, außerdem das Ansehen dieser Person bei den gegenwärtigen Kommunikationspartnern, in einigen ungünstigen Fällen auch bei dem jeweiligen, im Umfeld befindlichen Publikum, in Mitleidenschaft gezogen wird.

So beispielsweise geschehen anlässlich eines Besuches im Ausland. Gegessen wurde bei der in Bezug genommenen Begebenheit in einer mittelgroßen Tafelrunde. Als der höfliche Herr des Hauses zwischendurch nachfragte, die Unterhaltung fand auf Englisch statt, wie das Essen denn schmecke, antwortete ein Mitglied der Gruppe: "I did not want a **bloody** steak". Der «kleine Critter» wollte sein Steak mehr durchgegart, anstelle von «rare – fast roh». Er dachte sich nichts Böses bei seinem Statement, da er wortgetreu seine deutschsprachigen Gedanken in die englische Sprache übertrug. Das überaus heftig anmutende Comeback des Gastgebers: "Then eat your «f...ing» potatoes!", schockierte ihn anfangs. Er war zutiefst bestürzt.

Abbildung 7 – I did not want a **BLOODY** steak!
Die Moral von dieser Geschichte könnte auch lauten:
It is the way you say it! Der Ton macht die Musik!

Vorgenanntes Spektakel mit sehr viel Potenzial komplett aus dem Ruder zu laufen, rührte von der Unkenntnis darüber her, dass es sich bei dem Wort «bloody» in dem zitierten Kontext um ein Synonym für das «f...»-Wort handelt. Der Gast hätte sein Steak gerne in der Garstufe «well done – durchgebraten» zubereitet gehabt. Bestenfalls «medium – rosa, mit saftiger Mitte» aber nicht «englisch – innen noch fast roh und **blutig**» wie es ihm serviert wurde. Eine Lektion, die dieser «kleine Critter» sowie jede/r Beteiligte, wohl nie vergessen werden. Über die sie heute allesamt herzlich lachen können.

Eine ungeheuer delikate Situation zunächst. Dazustehen mit dem sprichwörtlichen Fuß buchstäblich im Mund. Eine Peinlichkeit, wie sie wohl keiner erleben möchte. Eine Sachlage jedoch auch, die Naturell hat beim Sprecher Bedauern auszulösen, nicht einfach zu einer **Notlüge** gegriffen zu haben. Oder anders formuliert: Mittels beschönigender **Ausflucht** vorsorglich einen Ausweg bzw. eine Ausrede zu erwirken. Anstatt die Frage vermeintlich offen, gleichzeitig ehrlich zu beantworten. Alternativ schlicht und erhaben den Mund komplett gehalten, weiterhin nichts gesagt zu haben. Ein Albtraum! Momente, im Übrigen Gefühle, die keinesfalls dazu geeignet scheinen, den individuellen Erfahrungsschatz zu bereichern.

Ein sprachlicher Ausrutscher – alleine schon der Gedanke – in ein derart heikles, blamables Fiasko zu geraten, mit so viel Spannweite für unterschiedliche Reaktionen auf beiden Seiten, der absolute Gau. Sein Gesicht zu verlieren. Sich im Beisein von Zeugen beschämt bloßgestellt vorzukommen. Niederschmetternd, egodestruktiv – sich arg zerknirscht zu fühlen, wie ein bildungsbedürftiger «kleiner Critter». Schrecklich! Daher für viele wohl der Hauptgrund, in einer ihnen fremden, vermeintlich nicht hinlänglich vertrauten Sprache, lieber nicht kommunizieren zu wollen.

Wenngleich senderseits als verheerend, zudem imageschädlich empfunden, erschließt ein misslicher Fauxpas dem Empfänger hingegen viel Ermessensspielraum für unterschiedlichste Reaktionsweisen. Denn anstatt impulsiv, unangemessen, erdenklich unverhältnismäßig zu kontern, kann der Gesprächspartner – wie geschehen – durchaus in seiner Erwiderung auch nur auf den **Informationsgehalt** der Nachricht fokussieren. Also kein Aufhebens um die Sache machen, nicht den Konflikt suchen, sondern die Lösung. Ohne Getöse!

Wobei jedweder Respons stark abhängen dürfte von Stimmungsbarometer, Persönlichkeit, Charakter, Tagesform der vor den Kopf gestoßenen, reagierenden Person, nebst einigem anderen mehr. Im vorliegenden Fall führte die durch das **Feedback** allseits erlernte Lektion, erteilt mittels ruppigen Humors, zu einem Happy Ending. Gipfelte in einem «Ende gut, alles gut – All's well that ends well» zugunsten unverzagter kommunikativer Interaktion in fremdländischer Umgebung inklusive Sprache, bedenkt man die alternativen Widerhalloptionen.

Dies obendrein deshalb, weil bei der reziproken Verständigung zwischen Menschen anhand von Sprachvarietäten, Berührungen, Symbolen, Gesten etc. pp. für den Gesamtwirkungseffekt, sprich das **«geliked = gemocht»** Werden, nicht einzig das Geäußerte, sondern das durch gleichzeitige Sinneswahrnehmungen erfasste Gesamtheitspaket ausschlaggebend ist. Mit anderen Worten: Gekonnter Sprachgebrauch und adäquate Sprachverwendung sind der auf Abarbeiten zugleich Verrichten von verschiedenen Anforderungen basierende Nährboden für gute Beziehungen!

Bei der zwischenmenschlichen Kommunikation kommt sowohl beim Sprechen, als auch beim Schreiben, auf der sprachlichen Grundlage eines **per Konvention** festgelegten Systems von Zeichen, ebenso Lauten, ein vielfältiges Gemisch aus Verhaltensnormen, Verfahrensmustern, Regeln, Techniken, Hilfsquellen, Prozessen zur Übermittlung plus in Empfangnahme von Botschaften zum Einsatz. Teils verwirrend anmutend, gelegentlich sogar befremdlich, wenn dabei zugleich kontrastierende persönliche Wertvorstellungen, Gepflogenheiten, Denk-, Handlungs- und Vorgehensweisen auf einander treffen.

Von Zeit zu Zeit Ansichten zutage treten, wie: „Warum sollte jemand Deutsch lernen wollen? Die ganze Welt spricht doch Englisch!" Gewiss maßlos übertrieben, allerdings nicht komplett von der Hand zu weisen, dieser Fakt. Denn tatsächlich ist die Anzahl derer, die der deutschen Sprache kundig sind, mit geschätzten knapp zwei hundert Millionen, verschwindend klein, verglichen mit schätzungsweise etwa drei Milliarden Menschen erdumfassend, die über Englischkenntnisse in Wort und/oder Schrift verfügen.

Grundsätzlich wäre es ein unverzeihlicher **Fauxpas** zu unterstellen, dass alle Personen weltweit über ein gleichwertiges Niveau an Sprachkompetenz verfügen. Erst recht, dass alle vier Säulen der jeweiligen Mutter-, Zweit-, gelegentlich Dritt- oder Viertsprache – nämlich: **Sprechen, Hören, Schreiben, Lesen** – in gleichem Maße beherrscht werden. Viele der Schüler/innen lernen Fremdsprachen zwar lesen und schreiben, jedoch werden mancherorts nicht alle geschult diese Sprache/n zu sprechen.

Ganz zu schweigen von Unterrichtung darin, spontan auf das Erfasste so treffend, wie schicklich zu reagieren. Vor allem jedoch, in keinerlei Hinsicht auf Grundlage von Annahmen, affektiv Wirkung zeigend, das Wort zu ergreifen. Sei dies aus Illusion, Irrtum – somit falscher Erwartung, zudem inkorrekter Wahrnehmung der Realität – oder aufgrund von Fehlinterpretation, Übersetzungspannen usw. Sich niemals, ohne vorherige Klarstellung, auf Mutmaßungen zu Dingen hin – die womöglich überhaupt nicht im Raum standen – in «ungebührlichem Tonfall – improper tone of voice» zu revanchieren.

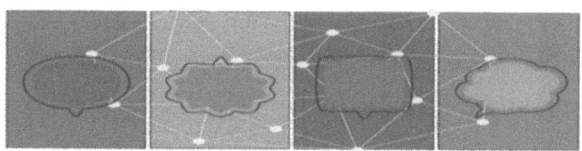

Bitte fragen und beantworten Sie sich selbst folgendes:

Wie hätten Sie reagiert als Gastgeberin ggf. Gastgeber im vorgenannten Beispiel?
Wäre Ihnen ein solcher Fauxpas als Sender unterlaufen, wie würden Sie sich fühlen?
Ist Ihnen auch schon einmal ein ähnlich geartetes Missgeschick passiert?

Welche Sender- plus Empfängerreaktionen halten Sie vorliegend für angemessen?

Beherrschen Sie alle vier Säulen der Sprachen, die Sie sprechen, gleichermaßen gut?

Könnten Sie weitere Beispiele für sprachliche Fehltritte, die Sie miterlebten, benennen?

Finden Sie **Notlügen** und **Ausflüchte** in gewissen Situationen vertretbar?

Zu welcher Tageszeit sind Sie am leistungsfähigsten? Welche Art von Lerntyp sind Sie?

Was wirkt am meisten störend auf Ihre Konzentration?

Welche Informationskategorien speichern Sie in Ihrem Langzeitgedächtnis ab?

Genau was sehen Sie vor Ihrem geistigen Auge, bei: «Maus» «Schloss» «Birne» «Blender» «Bug» «bulb» «club» «light» «mouse» «park»?

Können Sie [ˈðɛr] in Schreibschrift übertragen?

Wie werden in Ihrer Erstsprache Buchstaben beim Buchstabieren mittels **Buchstabieralphabet** wiedergegeben? Exemplarisch: B wie Berta? B wie Bravo? B wie Barcelona? B wie (???)

Sender – Empfänger – Feedback

Abbildung 8 – Don't say [ju:] to me! A **ewe** is a mother sheep – eine **Aue**!

Man könnte in der Tat eine komplette Buchserie schreiben über all die verflochtenen Dinge, die einem tagaus tagein widerfahren. Sei es bei der Arbeit oder privat. Insbesondere auf der **Beziehungsebene**. Manches Mal schon wurde angeregt, partielle Kommunikationsbeiträge zur allgemeinen Erheiterung – in extremen Ausnahmefällen: Bestürzung – mit außerplanmäßigem Lerneffekt schriftlich festzuhalten, sodann zu veröffentlichen.

Wiedergabe von [ˈðɛr] auf S. 40 = **their**. Nicht: they're = [ðeər]. Auch nicht: there = [ðɛə] oder [ðɛəɹ].

Wer jedoch würde dergleichen lesen wollen? Lediglich im Spracherwerb befindliche, speziell mit Fremdsprachanwendung befasste Anfänger? Überwiegend interessierte, motivierte, mit kerngesundem **Menschenverstand**, auserlesenem **Urteilsvermögen**, zudem überdurchschnittlich hohem **IQ** plus **EQ** ausgestattete Personen? Welche – wie Sie – anstreben, die von ihnen verwendeten Sprachen lupenrein zu beherrschen?

Ist nicht jeder umgeben von polyglotten «kleinen Crittern»? Allerdings, wie sagt man seit dem 19. Jahrhundert im Englischen so schön? "Eat an apple on going to bed, and you will keep your doctor from earning his bread." Wobei sich das englische Idiom problemlos «Apfel-frei» weiter modulieren ließe. Wie nachstehend ersichtlich: "A kind word «nice gesture; focus on positive aspects; productive teamwork; successful result; cordial smile etc.» a day keeps the doctor away".

Gängige Ratgeberliteratur stellt zuweilen im Bereich Lebenshilfe ein glückliches, erfolgreiches Dasein in Aussicht. Dies häufig einfach nur durch Anwendung der Jahrhunderte alten Theorie vom positiven Denken. Hingegen legen neue Studien nahe, dass von den etwa sechzigtausend Gedanken, die wir Menschen durchschnittlich pro Tag haben, überraschenderweise gerade einmal bescheidene drei Prozent positiv seien.

Dass dies selbstredend auf die individuelle Lebensqualität, eingeschlossen mentale Gesundheit, Sozialkompetenzen, das psychische Wohlbefinden, folgedessen das Kommunikationsgebaren negative Auswirkungen haben mag, leuchtet durchaus ein. Selbstbeherrschung erscheint neben Impulskontrolle gemeinhin angesagt, als vorbeugendes Behelfsmittel. Um einerseits obligate Umgangsformen zu wahren. Sowie andererseits zu verhindern, dass unbedachte Äußerungen möglicherweise unzensiert über die Lippen entweichen mögen. Schließlich können Worte sehr vieles sein – allfällig sogar verletzend, zerstörerisch, vernichtend ….

Die Angst etwas Falsches zu sagen, zu langes Grübeln, der Drang nach Perfektion, wiederholt auch Konkurrenzdenken tendieren dazu, sich abträglich auszuwirken. Man könnte ohne sie fraglos in den Bereichen des menschzentrierten Umgangs mit einander, sowieso bei der mehrsprachigen Verständigung unter einander, theoretisch ein gesund intaktes, zufriedeneres Leben führen. Denn angesichts kognitiver, emotionaler plus sozialer Empathie richtig dosiert kommunizierter Mitteilungen, erscheint faktisch, im wahrsten Sinne ganz und gar alles geeignet Gesprächsstolpersteine, ebenso Beziehungsfallstricke einzugrenzen. Nach Lage der Dinge ist es im Grunde ganz einfach: Zunächst «brain in gear». Danach erst «mouth in motion».

Weshalb dann verunsichert von multilingualen Kommunikationserfahrungen, eventuell sogar aus Angst vor transkulturellen Interaktionserlebnissen mit anderen bekümmert, gestresst, schlimmstenfalls krank gemacht, durchs Lebens gehen? Anstatt erheitert schmunzelnd durch den Lebensalltag zu schreiten, unter der Prämisse: Ein «kleiner Critter» am Tag hält den Arzt fern! Positives, so sagt man, zieht Positives nach sich. Jeder ist seines Un-/Glücks Schmied – life is what **YOU** make (of) it. Dasselbe gilt vollumfänglich auch für Konversation.

EARTH MATTERS und **WORLD VIEWS**
Meine Welt dreht sich um mich. Planet Erde, ebenso das Universum, tun dies nicht!
Was würden Sie verwenden: «Ich fürchte, ich habe mich unklar ausgedrückt» **Oder:** «Sie haben mich falsch verstanden» (?)

Das Gefühl sich eigenständig mitteilen zu können, verstanden zu werden und andere zu verstehen, wirkt selbstredend positiv plus förderlich auf Körper, Seele, Geist, Lebensqualität, soziale Teilhabe, somit das von «**belonging**» ausgelöste Wohlbehagen vieler Menschen.

Sender, Empfänger, Feedback – das können nicht nur die NASA oder Tennisspieler – das können auch Sie! Jede/r Einzelne von Ihnen, auf **integre**, **souveräne**, vor allem jedoch **konstruktive**, **empathische** Art und Weise.

Die «Little Critter» Kinderbuchserie des amerikanischen Autors Mercer Mayer, mit eigenem Illustrationsstil, erfreut sich schon seit vielen Jahrzehnten großer Beliebtheit, keineswegs einzig bei Kleinkindern. Da «kleine Critter» außergewöhnlichen Charme besitzen, hinzu sehr ulkig sein können, passt hier – nach diesseitigem Dafürhalten –

diese Betitelung besonders gut. Eignet sich, nebenbei bemerkt, hervorragend, um Namen nicht frei erfinden zu müssen. Sie ist in keinerlei Hinsicht beleidigend oder herabwürdigend angedacht. Ganz im Gegenteil, bewirkt durch haargenau diese Benamung, soll in erster Linie möglichst von Anfang an, der beabsichtigte Humor, die inspirierende, auflockernde, entkrampfende, heilsame Wirkung von gelassener Betrachtungsweise in den Vordergrund gerückt werden.

Gleichrangig die gebührende Akzentuierung neuer Sichtweisen hervorgehoben, in Bezug auf diese doch sehr ernsthafte, zugleich überaus schwerwiegende Angelegenheit: nämlich der individuelle **Umgang mit Selbstansprüchen.** Hinwieder auch mit solch <u>menschlichen</u> <u>Empfindungen</u>, wie Zweifel. Furcht vor Spukgestalten, von denen niemand etwas ahnt. Bammel, Beklemmungen, Schreckbilder, die kein anderer sehen kann. Herzensangelegenheiten und vor allem Mut. Eine Prise Wagemut, das richtige Quäntchen Zivilcourage, zur aktiven <u>Anwendung</u> <u>des</u> <u>Erlernten</u>, im Zuge des Erkundens der großen weiten Welt **von Mensch** aus Fleisch und Blut **zu Mensch**, wie WIR, Sie – du & ich. Alldieweil kommunizieren menschliche Lebewesen im Alltagsleben durch tausenderlei eindeutig unterschiedliche Vorgehensschemata miteinander.

Ein weiteres Anliegen ist das Bestreben, anhand von Denkanstößen und praktischen Tipps, kreative Blickwinkel zu präsentieren. Frei erzählte, teils erdachte Fallbeispiele, von denen vereinzelte einen wahren Kern besitzen, wurden zu Veranschaulichungszwecken modifiziert. Sie sollen nicht unsinnigen, sondern sinnvollen Charakter entfalten. Sozusagen aus der Praxis für die Praxis. Beruhend auf langjähriger Sprachmittlungserfahrung. Kombiniert mit davon herrührenden, einschlägigen Observationen. Ergänzend angereichert mit den Thematisierungen zum subjektiven Eigenbedarf in Bezug auf die selbstständige Sprachverwendung im privaten, gesellschaftlichen, akademischen und beruflichen Leben. Gewidmet all denjenigen, Nationalität genauso biologisches Geschlecht ohne tonangebende Relevanz, denen ebenfalls sehr an **kommunikationsfokussiertem**, reibungslos gelingendem **inter agere** mit ihrem sozialen Umfeld gelegen ist.

Critter bedeutet lebende Kreatur, Vieh, domestiziertes Tier, Kleintier, Kleinkind (benutzt liebevoll als Kosewort), aber auch Viech, Kriechtier u. a. Viele Menschen mögen kribbel-krabbel Kreaturen nicht, obwohl gar manche von ihnen geradezu schnuckelig anmuten können. Hier soll «kleine Critter» stehen für Menschen, bei denen sich ein «Critter» in Form von linguistischem Fauxpas einschlich, der zu misstönender Kommunikation, darüber hinaus ungelenker Interaktion, mitunter bis hin zu Peinlichkeiten nebst Missverständnissen führte.

Kommunikation als Sozialhandlung ist alltäglich. Sie verläuft scheinbar selbstverständlich, sodass sie erst dann als problematisch wahrgenommen wird, wenn es zu Missverständnissen oder Misserfolgen kommt, die auf gestörte Verständigung beim dialogischen Austausch von Informationsmitteilungen zurückzuführen sind. Erst dann wird häufig von den involvierten Parteien hinterfragt, beratschlagt, gefachsimpelt: Wie genau funktioniert gelungene, konstruktive, effektive, effiziente, von Erfolg gekrönte Kommunikation? Unter welchen speziellen Voraussetzungen, inbegriffen spezifischen Bedingungen, spielt sie sich sprachübergreifend ab? Was sind die augenfälligen Kriterien, fernerhin Garanten für interethnische, multilinguale Kommunikationserfolge?

Abbildung 9 – Tut mir leid, viele dieser Sprachen spreche ich nicht.
DO YOU SPEAK ENGLISH?

Ein ausländischer Student, der ein praxisorientiertes Deutschseminar absolvierte, kam einst sehr gefrustet zum Workshop. Seiner Schilderung zufolge hatte er zwei Dinge käuflich erwerben wollen. Zum einen «Socken», zum anderen eine «Spülmaschine». Da er verloren wirkte in dem großräumigen Einkaufszentrum, wurde er angesprochen: Ob man ihm helfen könne? Was er denn suche? Er nahm seinen ganzen Mut zusammen. In dürftigem Deutsch – mit ausländischem Akzent – entgegnete er, er wolle [phonetisch] «Zocken» und eine [phonetisch] «Spielmaschine» kaufen. An den befremdeten Blicken der Bediensteten erkannte er sofort, dass etwas nicht stimmte. Nur was?

Das Rätsel konnte rasch gelöst werden. Es lag an der Aussprache. Wie wichtig doch korrekte Phonetik plus Phonologie, die kompromisslos konsequente Einhaltung der Sprechlaute, mit einbezogen **Lautlehrevorgaben**, einer Einzelsprache sind! Denn jedes funktionierende Sprachsystem ist ein Geflecht aus vielfältigen sprachlichen Einheiten, die den Gesamtkomplex erst im Zusammenspiel ergeben.

Wörter setzen sich aus Laut- deckungsgleich Buchstabenfolgen – zumeist in Form von Silben – zusammen. Sätze sind in sich geschlossene, aus einem oder mehreren Worten bestehende, strukturierte Ausdruckseinheiten. Somit systematische Äußerungsgefüge zur Verständigung im Rahmen der **verbalen** Kommunikationshandlung. Aus der Kombination von Sätzen ergeben sich Texte, Nachrichten, Mitteilungen, Botschaften etc.

Bei unrichtiger Lautproduktion im menschlichen Sprechapparat, können die vom Empfänger mittels **auditiver** Wahrnehmung vernommenen – problematischer Weise eklatant verhaspelten, regelwidrigen akustischen Artikulierungseigenschaften – der vom Sender geäußerten Laute, zu mangelhafter Wahrnehmungsverarbeitung durch Ohr und Gehirn des sie Hörenden führen. Erwartbar geht damit das Risiko einher, dass Hickups sich unvermittelt anbahnen, wenn durch fehlgeschlagene Artikulation von Lauten fälschlich aus «Socken» – [phonetisch] «Zocken» wird, im Weiteren aus «Spülmaschine» – [phonetisch] «Spielmaschine».

Jedoch ein interessantes Beispiel auch dafür, dass sachdienlich zweckvolle Kommunikation keineswegs nur von guten Absichten, definitiv nicht von günstigen Umständen abhängt. Im Übrigen – wie die Lebenserfahrung lehrt – nie und nirgends von der Güte des Geschicks oder höherer Gewalt. Die drei unentbehrlichen Schlüsselelemente: **Sender –**

Empfänger – Feedback kamen im vorerwähnten Fall zum Einsatz.

Wodurch anhand der stillschweigenden, mimischen Rückmeldeinformation – der **nonverbalen** <u>Rückübermittlung</u> an den Sender also – von diesem augenblicklich mithilfe des Sehsinns **visuell** wahrgenommen wurde, dass die Nachricht beim Empfänger nicht dergestalt angekommen war, wie angedacht. Es taten sich ihm nach Evaluierung des bekommenen Feedbacks zwei Seiten der metaphorischen «Medaille» auf. Erstens: Die Möglichkeit zur Fortführung des Dialogs. Zweitens: Die Alternativmöglichkeit zur sofortigen Korrektur und Klarstellung.

Dass ein «stiller» Blick sehr «beredt» sein kann, ist kaum von der Hand zu weisen. Man könnte diesbezüglich zwar argumentieren: „Die Sprache des «Schweigens» ist schwer zu verstehen." Der eine errötet obendrauf vor Wut, der andere aus Scham. Etliche erblassen, wenn sie zornig sind. Währenddessen es auch solche gibt, die dies tun, sobald sie peinlich berührt sind. Einzelne bei Übelkeit. Falls manche die Stirn in Falten legen, denken sie nach. Freilich gibt es auch die so genannten Sorgen-, Kummer-, Lach-, Zornesfalten, Schmunzeln, Falten des Bedauerns, hinzu reichlich andere Gesichtsausdrücke mehr, mit verschiedenartigen Indizierungshinweisen. Die Redewendung «stille Wasser sind tief» gibt es in vielen Sprachen. Auch in Ihrer Erstsprache? Durchaus zutreffend haben «stille» Personen etlichemal Erstaunliches zu sagen. Allerdings eigene Kommunikationsmethoden, um sich anderen teils dezent, dennoch fundiert zu offenbaren.

Körpersprache kann wortlos und stillschweigend – sprich **nonverbal** – sehr viel ausdrücken, signalisieren plus übermitteln. Bei der **averbalen** Kommunikation, der Verständigung ohne Worte, also dem nonverbalen Austausch von Informationen, können Mimik, Körperhaltung, wie auch Gestik, für sich einzeln, mehr noch im Verbund, **stillschweigend** Bände sprechen. Somit zwar stumm, dennoch sehr ausdrucksvoll <u>vielsagend</u> sein, indem sie Signale senden, die laut ausgesprochen eventuell sehr positiv – warm, ansonsten andersherum möglicherweise negativ – kalt wären.

Abbildung 10 – Die wohl verständlichste SPRACHE DER WELT.
Ein aufrichtiges Lächeln, das von Herzen kommt!

Signale, die mittels der Stimmigkeit unter einander, durchweg jedoch infolge der vorhandenen, alternativ fehlenden <u>Kongruenz</u> zu den gesprochenen Worten, einen Kommentar entweder unausgesprochen untermauern. Oder aber den Sprecher stumm Lügen strafen, kurzum tonlos diskreditieren. Rund **fünfundfünfzig (55) Prozent** der kompletten <u>Kommunikationswirkung</u> werden der nonverbalen Ebene, der **Körpersprache**, hauptsächlich der Mimik zugeschrieben. Beigesellt dem Fakt – **ob, wie** und **wie schnell** auf ein Prompt eventuell Stichwort reagiert wird.

Ein weiteres gutes Beispiel für einen «viel sagenden» Blick dürfte das Erlebnis mit einem die deutsche Sprache erlernenden kleinen Critter sein, der total verschnupft schniefend zum Training ankam. Befragt, ob er erkältet sei? Verneinte er. Also wurde nachgefragt, ob er eine Allergie habe? Woraufhin er antwortete: „Ja, [phonetisch] Polen". Damit jedoch wollte er nicht im Entferntesten implizieren, dass er das Land Polen oder polnische Menschen nicht mag. Die Antwort war in keinerlei Hinsicht rassistisch angedacht. Es wurde lediglich das Wort «Pollen» falsch ausgesprochen.

Er hatte dem ihm zugeworfenen Blick angesehen, dass das von ihm Gesagte nicht, wie von ihm angedacht, beim Gegenüber angekommen war. Auf seine Rückfrage hin wurde er aufgeklärt. Seine Bestürzung war zunächst groß. Aber dann konnte er schließlich doch lächeln. Das Lachen war ihm nicht komplett vergangen. Mehr noch, er hatte kurzhin eine wichtige Lektion gelernt, in Sachen korrekter Sprechweise, zwecks Vermeidung von etwaig folgenschweren und/oder verhängnisvollen Missverständnissen.

Der langen Rede tieferer Sinn: Vorstehende Lehrstücke veranschaulichen unverkennbar, dass nur ein Fragment der zwischenmenschlichen Kommunikation durch das **Gesagte** stattfindet. Soll heißen, via mündlich mitgeteilte, lautlich vernehmbare, tatsächlich zu Ohren kommende Worte. Die Kommunikationswirkung von einhundert (100) Prozent in dem Bereich Gestaltung der Mündlichkeit, lässt sich aufteilen in die vier Kommunikationsebenen **verbal, nonverbal, paraverbal.** Sehr einflussreich gesellt sich ihnen noch hinzu die <u>extraverbale,</u> vierte Elementebene, die Rahmenbedingungen.

Das Vorhaben seine Äußerungen ebenso lehrbuchgetreu, wie auch klipp und klar skizziert, zur rechten Zeit am richtigen Ort nahe zu bringen, kann je nach individueller Präferenz auf grundverschiedene Arten bestmöglich umgesetzt werden.

Eine Möglichkeit wäre, schriftlich niedergeschrieben in lesbarer Textform. Eine andere Methode könnte sein, mittels visuell erkennbarer Gebärden, Gesten, Signale – wie etwa durch die genormten Tauchzeichen – alternativ unter Anwendung von mit dem Tastsinn erfassbaren Berührungen in Taubblindensprache. Eine weitere Option bestünde unfraglich in gesprächsweise durch den Mund. Sofern und solange alle Beteiligten auf exakt demselben Stand sind, spielt es keine Rolle, ob ein lautsprachliches oder nichtlautsprachliches Transfersystem zum Einsatz gebracht wird.

Zirka **achtzig** (80) **Prozent** der zwischenmenschlichen Kommunikation dürften sich **oral** abspielen. Tunlichst nach bestem Wissen, Können und Gewissen lautsprachlich offenbart. Unter akribisch strikter Beherzigung sämtlicher Regeln zum einleuchtenden, fehlerfreien Wortwechsel. All dies flexibel. Mit Augen- plus Ohrenmerk auf den eigens hierfür selektierten Sprachformen, Kontaktphasen, Stilarten. Unter gleichzeitiger Einhaltung ethisch korrekter, der Mensch im Mittelpunkt stehender Verhaltens- sowie Vorgehensweisen. Vor dem Hintergrund, dass jedwede Mitteilung einiges über den sie Äußernden verrät. Verhohlen auch dessen Motivation, Integrität, Persönlichkeitseigenschaften etc. pp. in vielen Fällen aufdeckt.

Außerhalb der vertrauten Atmosphäre, zugleich Unverfänglichkeit des Unterrichtgeschehens, weitab von sämtlichen Schulungsmedien, in denen auf alles zurückgegriffen werden kann. In dem Graubereich von spontanen Alltagsbegegnissen, leisten nervösen Fremdsprachanwendern ihre Stimmbänder, Zunge, Lippen, sowie der Kehlkopf, alles in allem häufig unwillkürlich inadäquate Dienste.

Denkbar unvorteilhaft zeichnen sich hinwieder Episoden ab, in denen bei dem beliebten Thema Wetter anstelle von [ʃvy:l] für «schwül» fälschlich [ʃvu:l] verlautbart wird. Unter schaurigen Umständen kann es zu Blamagen kommen. Sich zu trauen – anstatt lieber nichts zu sagen – nicht jede/r besitzt solche Risikobereitschaft. Tun Sie es?

Gelegentlich spielen auch Silbentrennung, sich hinzufügend Wortzusammensetzungen eine Rolle von entscheidender Gewichtigkeit, bei dem einen oder anderen Aussprachemalheur. Exemplarisch vorstellbar bei: **Wachstube**. Wenn beim Lesen dieses Wortes ohne Kohärenz fraglich anmutet, ob damit Wachs-tube oder aber Wach-stube gemeint ist. Je nachdem in Betracht kommend: Aus **be-ach-ten** – «beach-ten» – gemacht wird. Dies fatalerweise wie «bitch-ten» klingend von der Zunge geht.

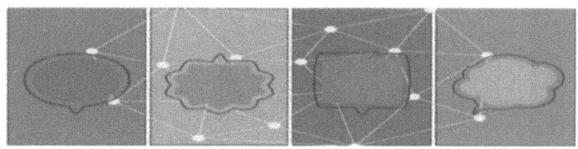

Kein Einziger ist perfekt. Haben Sie sich auch schon einmal gefühlt, wie ein «kleiner Critter»?

Wie empfänden Sie das Gefühl nicht zu wissen, ob mit «**Spielende**» eventuell «spielende» Kinder oder das Ende eines «Spiels» gemeint ist/sind?

Orientieren Sie sich an den zurückbekommenen «out-Side←in» Signalen, den Rückmeldungen Ihrer Gesprächspartner, die bei Ihnen eingehen?

Unterliefe Ihnen eine sprachliche Ungeschicklichkeit, wie würden Sie darauf aufmerksam gemacht werden wollen?

Was denken Sie, wären die Auswirkungen? Würden Sie nach einer Lösung suchen? Bekunden, wie unangenehm Ihnen das Malheur ist?

Sind Sie der Ansicht, dass jede/r einen Fehler machen dürfen sollte?

Wie verhält es sich bei Ihnen, wenn Ihr Gegenüber unbeabsichtigt ins Fettnäpfchen tritt? Würden Sie Ihren Dialogpartner darauf aufmerksam machen?

Nach Ihrer persönlichen Einschätzung, wie könnten sich salonfähige <u>Sender</u>-, <u>Empfänger</u>-, <u>Feedback</u>-**Reaktionen** gestalten?

Neugierde, Lerneifer, sowie Lebensklugheit hatten die beiden wenige Seiten hierin zuvor beispielgebend angeführten Fremdsprachanwender veranlasst zu ergründen, woran es bei ihnen jeweils gehapert hatte. Um im Rahmen von **«Learning by Doing»** künftigen Wiederholungen ein für alle Mal vorzubeugen. Bei der Kommunikation zwischen Verschiedensprachigen, wird in überstürzter Hastigkeit, vor lauter Aufregung, zuweilen unterbewusst dem Schwerpunkt dessen, **was** gesagt werden will, deutlich mehr Beachtung zugemessen, als dem, **wie** es in der verwendeten Fremdsprache korrekt konfiguriert, des Weiteren akzentuiert werden sollte.

Wortkompositionen erhöhen den Vokabelschatz der deutschen Sprache um ein Vielfaches. Doppelworte, oftmals Komposita mit von anderen Sprachen ausgeborgten Ausdrücken – teils in **gemischtsprachiger Lautgebung** – ergänzen das Sprachgut in reichem Maße. Verunsichern so manchen in Hinsicht auf die korrekte Gliederung dieser zum Teil allzu lang anmutenden Kombinationen im Gesprochenen.

Nächstfolgende gebrauchsübliche, allgegenwärtige «Geber/Nehmer» Zusammensetzungen sind Fusionen mit Lehnwörtern aus diversen Fremdsprachen. Sie werden hierzulande genutzt als seien sie Grundwortschatz-Urbestandteil: Werbegag, Marketingabteilung, Zahnbleaching, Kaffeeservice, Prepaidtarif, Liveübertragung, Campingsaison, SIM-Karte, **Public**-Fußball-**Viewing**, Detailinformation, Tanga**slip**, Dopingkontrolle, Kindershampoo, PIN-Nummer, Premiumangebot, Hundesitter, Sommerfestival, Internetrecherche, Komfortzone, VIP-Bereich, Virusvariante, Mode**spleen** ….

Hinzu kommen abertausende weitere Wortverknüpfungen mit Großteils englischer Abkunft. Begriffe, die vereinzelt von den Gebern grundverschieden verstanden plus genutzt werden. Gänzlich andersartig, als die Nehmer diese teils **frei interpretiert** utilisieren. Beispielsweise kann ein «**slip**» ein Kassenbeleg sein, auch ein Ausrutscher, sogar eine Panne, ein Missgeschick, Unterrock u. a. Die Ausklügelung in der deutschen Verwendung hatte allerdings im Englischen ursprünglich absolut nichts mit einem «verführerischen Damenunterhöschen» zu tun.

Auch würde man sich bei einem «**Public Viewing**» definitiv kein Spiel öffentlich gemeinsam anschauen, sondern einer/m aufgebahrten Verstorbenen die letzte Ehre erweisen. Auf der Liste der (w)irren «Denglisch» Kreationen sollte vielleicht auch nicht fehlen, dass in den anglophonen Teilen der Welt, die Milz mit «**spleen**» bezeichnet wird. Wie der fabelhafte Spagat hin zu der deutschen Synonymerdichtung für «Marotte, fixe Idee usw.» zustande kam, ist ungeklärt. Von daher bitte nie wundern über entgeisterte <u>nonverbale</u> **Feedbacks** seitens perplexer Personen mit muttersprachlicher Kompetenz.

Eingedeutschtes Englisch «Germanized English», will heißen aus der englischen Sprache entliehene Wörter, die zwar konjugiert alternativ dekliniert, dennoch in rechtschreibungsgetreuer **englischer Aussprache** verlautbart werden. Folglich ihren Fremdwortcharakter nicht gänzlich verlieren, bereichern den deutschen Sprachbestand in Hülle und Fülle. Werden von anglophonen Deutschlernern nicht selten als extrem «tricky multi-lingua melting pot» empfunden. Eine «vertrackte Sammelstätte» in der aus allerlei Sprachen geborgte Fremdwörter, häufig abermals kombiniert mit einem englischen Lehnwort zu einem vermeintlich «deutschen» Ausdruck verschmolzen werden.

Bei «trampen» «Bodybag» «Stepper» «Dressman»

«Pitch» hingegen, handelt es sich um Pseudo-anglizismen – Scheinanglizismen – «Engleutsch». Will heißen umdefinierte Erschaffungen. Kreative Fabrikate, welche aufgrund des Bedeutungswandels, dem sie ausgesetzt wurden, ungut beleumdet sind. Mit sehr verquer gehendem «Denglisch» könnte man bei echten Englischkönnern Wirbel entfachen.

Gebräuchliche Einbürgerungen sind: downloaden, canceln, chillen, relaxen, liken, gendern, joggen, scannen, daten, chatten …. Wir skypen; er googelt; Susi datet einen Multimillionär; der Chefanalytiker wurde gekidnappt; Ben durchzappt die Programme; die Teamchefin checkte ihre E- Mails; dieses Café hat delikaten Kaffee; die Anti-Aging-Creme wird getestet; sie simsen und texten en masse; dem CEO gefiel die im Meeting präsentierte Dokumentation; das Design dieser Webseite ist sehr innovativ; der luxuriöse Whirlpool in der Wellnessoase ist mega cool …. Medienhypes, Reality Stars, Influencer, Songtexte dürften wohl mit zu den fundamentalen Sprach-trendsettern für Follower gehören ….

Bei Verlautbarungen, wie **ge-screen-shot-tet** oder **ge-lay-ou-tet** scheiden sich zumeist die Pfade der Toleranz. Zu viele Silben. Harte Kadenzen. Herrührend von der konsonantenlastigen Sprechsilbenbetonung beim deutschen Sprachgebrauch. Das tut Einzelnen schon beinahe in den Ohren weh und erfordert Gewöhnung. Gelegentlich hat der/die eine oder andere sogar die trügerische Empfindung, dass die Deutsch sprechenden Personen «grumpy – grantig, mürrisch u. a.» seien. Denn Englisch klingt vergleichsweise freundlich, ausgesprochen melodisch, richtiggehend sanft, aufgrund fehlender Rachenlaute. Was nicht Wenige ungeheuer verwundert angesichts der gemeinsamen Wurzeln plus Zugehörigkeit beider zu der Familie der westgermanischen Sprachen.

Es war einmal ein eifriger «RP Inspector» im Sinne von Fahrkartenkontrolleur. Dieser fragte in abenteuerlicher Deutsch/Englisch Sprachverquirlung: "Have you a [gɪl.ti] ticket?“ Meinte er damit etwa: «**gültig**»? Wohl kaum «**guilty** – schuldig» oder etwa doch!? Oftmals werden Worte vermeintlich «Englisch» ausgesprochen. Möglicherweise um deutlich internationaler klingend beim Empfänger anzukommen. Dabei Mankos kompensierend, weil wie vermutlich vorliegend «valid» nicht einfiel.

Je nachdem allerdings, abhängig davon, wen dieser «kleine Critter» dergestalt angesprochen hätte, könnte er – was denken Sie – welche Arten von **Feedbacks** erhalten haben?

Wurden Sie auch schon Augen-/Ohrenzeuge von dergestaltigen Mix-Missgriff-Interaktionen? Welche Resonanz und Folgen stellten sich ein?

Man könnte als Quintessenz natürlich vergröbert vortragen, nur ein Bruchteil der Wirkungskraft der vier Kommunikationsebenen fußt auf dem, was durch sprachliche Verlautbarung wörtlich gemacht, an den Empfänger übermittelt wird. Beim <u>empfängerspezifischen</u> **Wirkungseffekt** entfallen mutmaßlich rund **fünfunddreißig (35)** von einhundert **Prozent** auf die zusätzlich ergänzenden Informationsdetails, welche akustisch wahrnehmbar – **paraverbal** – unter anderem anhand von Stimmklang, Tonfall, Sprechverhalten, Artikulation, somit individueller Eigensprache übermittelt werden.

Folglich, zubenannt darauf, **wie** selbstbewusst, (un)sicher, hektisch, fließend, konfus, stockend, gestammelt, genuschelt, zögerlich, markant etc. klingend diese Äußerung geschieht. Ergänzend, der springende Punkt jedoch, wie sehr diese nicht alltägliche [fremd]sprachliche Formulierungseigenheit – Inhalt, Intonation, Qualität – im Besonderen die dadurch ausgelöste Imagination **gemocht** werden. Welches <u>Wirkungsresultat</u> sich unverhofft, erzeugt durch die auffällig eigentümliche Verbalisierungsart, bei dem jeweiligen Empfänger einstellt.

Sofern es überhaupt möglich sein sollte, betreffendes nummerisch ansonsten prozentual präzise zu beziffern, dürften wunderlicher Weise lediglich geschätzte knapp **zehn (10) Prozent** des Gesamtwirkungseffektes auf <u>das</u> <u>Gesagte</u>, somit darauf entfallen, <u>was</u> mittels gesprochener Worte kundgetan wird. **Wie** dem Inhalt einer Mitteilung Ausdruck verschafft wird – **das Gehörte** – hat folgerichtig einen weitaus höheren Beeinflussungseffekt auf das subjektive, empfängerspezifische Wirkungsergebnis.

Beim Zwiegespräch zwischen zwei Konversationsparteien wechseln sich naturgemäß die Positionsfunktionen ständig ab. Mal ist man selbst Sender einer Äußerung, dann wiederum – im Best-Case-Szenario – der Empfänger einer angezeigten Gegenäußerung. Informationen fließen hin, Rückmeldungen her. Im Idealfall geht dies konstant plätschernd **bidirektional** vonstatten. Senden – empfangen. Feedback geben – Feedback in Empfang nehmen. Unaufhörlich so weiter, einträchtig, immerzu fortwährend. In stetig in beide Richtungen alternierender verbaler, paraverbaler plus nonverbaler Austauschsequenz.

"Hi, how goes it?" – "Good. Thanks the afterquestion." Klingt nicht anstößig, oder? Allerdings «kleine Critter»-mäßig reizend, finden Sie nicht? Wie reagieren Sie auf solch drollige «Knäuel»?

Abbildung 11 – Perfekt pulsierende Dialoge. Wunderschöne Gefühlserlebnisse. Symmetrie, die man «hören, spüren, sehen» quasi mit allen Sinnen erfassen kann. Ein Ambiente von FLOW! Absolut himmlisch, wenn Kommunikation verträglich, harmonisch, geradezu bilderbuchmäßig unkompliziert abläuft!

Vor einiger Zeit erzählte ein «kleiner Critter» ganz aufgeregt, er habe eine neue Klassenkameradin bekommen. Die sei allerdings ganz anders als alle anderen. Was denn an der jungen Dame so ungewöhnlich sei, wollte man von dem Grundschüler wissen. „Die ist evangelisch", antwortete der Junge. „Wie bitte? Was? Evangelisch?", wurde nachgehakt. „Ja, die schaut total über Kreuz", lautete die Antwort.

Die Unstimmigkeit durch falsche Auslegung war schnell geklärt. Es stellte sich heraus, dass die Mitschülerin an einer Augenmuskelgleichgewichtsstö-

rung leidet, daher stark schielt. Zu dem unschulds-
vollen Trugschluss kam es durch kindliche Fehlinterpretation. Vielmehr inkorrekte Assoziation, verursacht durch den gesonderten Religionsunterricht
der Schulkameradin, in einer überwiegend katho-
lisch angehauchten Region.

Falsche Aussprache, Fehleinschätzung, Denkfeh-
ler, irrtümliche Schlussfolgerung und sture wortge-
treue Aneinanderreihung von Wörtern bei der Übertragung von einer Sprache in die andere, waren
ursächlich für die vorgenannten Kommunikations-
debakel. Aufmerksames Zuhören, genaues Betrachten des Gegenübers, Evaluation des Feedbacks, sind wirksame Taktiken zur Vermeidung von
unliebsamen Kommunikationsfehlschlägen.

Erwerb, Lernen, Lehren, Mittlung, Verwendung
einer Einzelsprache – egal ob Mutter- oder Fremdsprache – konzentrieren sich auf Schriftlichkeit –
lesen, schreiben zuzüglich Mündlichkeit – **sprechen, hören**. Das Schwergewicht des Teils, welcher das Ohr, Gehör, Wahrnehmen was zu Ohren
kommt, das Sprechen, den Mund, oralen Gebrauch
einer Einzelsprache betrifft, liegt auf verbal und
paraverbal stattfindender Humankommunikation.
Wobei es keinerlei Regeln gibt, dass man stets das
letzte Wort haben, alternativlos alles kommentieren

muss. Nonverbal, mittels <u>kontrollierter</u> **Körpersprache**, mimischer, gestischer, optischer Hinweise anhand eindeutiger Gebärden, ist oft goldrichtig.

Ein japanisches Sprichwort lautet: «Nichts sagen ist eine Blume». Schultern zucken, Nase kräuseln, Augenbrauen hochziehen, ein freundliches Lächeln, beifälliges Klatschen, Grinsen, Augenzwinkern, Lippenschürzen, Kussmund, sind wie viele andere Mienenspiele hierneben, unzweifelhaft ausdrucksstarke – stellenweise unsagbar animierende, sporadisch übermäßig desillusionierende – Hinweise, die weltweit gleichbedeutend sein dürften. Die hierzulande überregional eingeführte Wendung «Nichts sagen ist auch eine Antwort» birgt bekanntlich weder Zustimmung noch Ablehnung.

«<u>Ja</u>» signalisiert mittels eines zustimmenden Kopfnickens, im Gegensatz zu «<u>Nein</u>» insinuiert durch ablehnendes Kopfschütteln, findet nicht überall auf Erden Anwendung! Wie etwa in Bulgarien, ähnlich geartet in einigen Gebieten des Mittelmeerraumes. «In a nutshell – kurzgesagt»: Zahlreiche Kulturen verwenden Gesten, wie Nicken, Kopfbeugen, keineswegs als Signale der Bejahung, Zustimmung, des Verstehens, Grußes oder Beifalls, sondern zur Bekundung des Respekts, der Demut, fallweise sogar der leibhaftigen Unterwerfung.

Dem gesunden Gehör kann bei normaler Geräuschkulisse kaum entgehen, ob diffuse Betonung, verwaschene Aussprache von Panik, Hysterie, Verwirrung, Gemütswallungen, Rauschmitteln, Gebrechen, Erkrankung, Argwohn etc. pp. herrühren. Oder das Missglücken vielmehr darin begründet liegt, dass der Gesprächspartner krampfhaft bemüht ist, sich in einer ihm fremden Sprache halbwegs verständlich zu machen. Die subjektive Resonanz auf situationsbezogene Sinneswahrnehmungen mag von ablehnend hinsichtlich betrunkenen Randalierern, bis hin zu maßlos wohlwollend gegenüber beharrlich Bemühten reichen.

Das entsprechende **Feedback**, egal ob verbal oder nonverbal erteilt, sollte unbedingt für beide Konversationsparteien – Sender plus Empfänger – absolut <u>übereinstimmende</u> <u>Bedeutung</u> haben. Ganz nebenbei bemerkt, in höfliche Worte verpackte, auf nette Sonderart unwillentlich mitkommunizierte, minimale Imperfektionen vermögen durchaus charmante plus aparte Wirkung zu erzielen, selbst auf Perfektionisten.

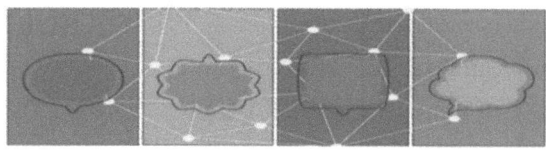

Wie hoch hängt Ihre persönliche Messlatte beim Kommunizieren?

Stellen Sie übergenaue Ansprüche an sich selbst?

Was sind Ihre Reaktionen auf [fremd]sprachliche Mix-Missgriffe?

Welche Erwartungen sollten die Parteien **Sender – Empfänger – Feedbackgeber – Feedbacknehmer** in Gesprächen, Ihres Erachtens, erfüllen?

Stehen Sie Personen wohlgesonnen gegenüber, die sich redlich anstrengen sich Ihnen – in Ihrer Erstsprache, welche für diese eine Fremdsprache ist – mitzuteilen? Selbst, wenn solche sich dabei verheddern? Diesen ein sprachbezogener «Critter» entschlüpft?

Sollten Sie eventuell sogar unbekannter Weise **geduzt** werden? Welche Entgegnung/en hätten Sie parat?

Halten Sie eine Erwiderung – wie: „**Du** musst «Sie» zu mir sagen" – für überzogen? Welches Feedback würden Sie dem Sender als Retourkutsche erteilen?

Die aktive Anwendung einer natürlichen menschlichen Lautsprache erfolgt größtenteils in gesprochener, andersartig in schriftlicher Form. Deshalb werden minutiöse Anleitungen, hinzukommend präzise Regeln zum solide fundierten Standardsprachgebrauch, zur optimalen standardsprachlichen Gestaltung – wie exemplarisch grundlegende Kenntnisse von Wortschatz, Grammatik, Eloquenz, Stilmitteln u. v. m. – in diesen Bereichen im Sprachunterricht sowohl umfassend gelehrt, als auch ausgiebig geübt.

In der jeweils aktuellen, allgemein verbindlich geregelten Form der gegenstandsbezogenen Einzelsprache, wie sie an Bildungseinrichtungen, auch von den Medien als **Standardsprache,** außerdem den Behörden als **Amtssprache** benutzt wird.

Für den summa summarum bestmöglichen Gesamtwirkungseffekt **(100 %)** von sämtlichen lautsprachlichen Kommunikationsprozessen ist allerdings durchweg die Stimmigkeit aller drei Kommunikationsebenen **verbal, nonverbal, paraverbal** ausschlaggebend.

Bemerkenswerter – oftmals blindlings komplett außer Acht gelassener – Weise, wird das Qualitätsergebnis letztendlich stark mitbeeinflusst von der vierten Kommunikationsebene, den **Rahmenbe-dingungen**. All den Faktoren, wie: Timing, Setting, Ort, Anlass der Begegnung, Anzahl des Gegenübers et cetera, welche **extraverbal** hervorstechenden Einfluss nehmen auf den generellen Verlauf plus Wirkungseffekt der kommunikativen Interaktion. Schon alleine der Größenunterschied zweier Personen vermag teils verunsichernde, vereinzelt abschreckende Auswirkungen zu haben.

Wenn der Austausch nicht auf Augenhöhe stattfindet. Sofern hypothetisch jemand ständig zum Gegenüber hochschauen muss, noch dazu permanent von oben herab angesprochen wird, könnte dies einesteils schwerwiegende, denkbar einschüchternde, teilweise hemmende Effekte haben. Andererseits kann ein romantisches Dinner bei Kerzenlicht, gedämpfter Musik, in gediegenem Ambiente, den Verlauf einer Unterhaltung nachhaltig stimulierend unterstützen.

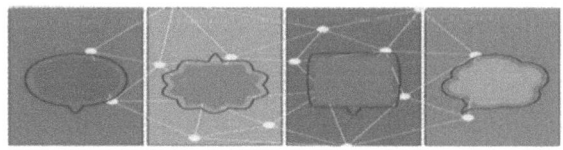

Bitte fragen und beantworten Sie sich selbst folgendes:

Wie ist das bei Ihnen? Legen Sie großen Wert auf

Pünktlichkeit? Tischmanieren?

Verstimmt es Sie sehr, wenn Ihre Gäste, Kollegen, andere Personen gewisse Dinge weniger genau nehmen, als Sie dies tun?

Welche Emotionen stellen sich bei Ihnen ein, verursacht durch üblen Körper- oder Atemgeruch Ihres Gegenübers? Wenn Sie jemanden nicht «riechen» können?

Alternativ, sollten die «Frequenzen», die «Chemie» nicht stimmen?

Lassen Sie andere zu Wort kommen? Stets auch ausreden?

Falls Sie ständig unterbrochen werden, wie wirkt sich dies aus, auf den sich unter Umständen anschließenden Kommunikationsfortgang?

Was empfinden Sie, wenn alle durcheinander, anstatt abwechselnd nacheinander sprechen?

Wie handhaben Sie Menschen mit fadenscheiniger Integrität?

Solche Zeitgenossen, von denen Sie sich bedrängt, gemaßregelt, besserwisserisch behandelt fühlen?

Welchen Stellenwert hat Transparenz bei Ihnen inne?

Gibt es noch andere Einflüsse, die in Ihrem Fall, den Verlauf plus Wirkungseffekt extraverbal mitdeterminieren, in Bezug auf Ihre Aktivität als **Sender – Empfänger – Feedbackgeber – Feedbacknehmer** im Dialoggeschehen?

Fundierte theoretische Kenntnisse einer Einzelsprache, inklusive deren Variationen, in Wort plus Schrift, sind grundlegende Meilensteine für den individuellen Kommunikationserfolg. In der Hauptsache kommt es primär auf die gekonnte, selbstständige Anwendung des erworbenen Knowhows, der sprachbezogenen «Puzzleteile» in der Praxis an.

Nicht uneingeschränkt nur auf Wissensschatz, die allgemein verbindlichen gesprochenen, des Weiteren geschriebenen Erscheinungsformen einer Standardsprache betreffend. Sowie deren unidirektionale, außerdem bidirektionale Benutzung. Sondern auch auf den Einsatz von lokalem, umgangssprachlichem **Sprachgebrauch**, will man nicht nur dabei sein, sondern dazu gehören.

Allgemeines Wissen, zudem Verständnis von den Registern der Mundarten, hinzukommend Gruppensprachen, welche innerhalb des direkten Umfeldes von Jung, Alt, Männern, wie auch Frauen, im Lebensalltag beispielsweise auf dem Spielfeld, Pausenhof, in der Mensa, Schule, Kantine, im Sandkasten, Restaurant, Büro, beim Friseur, Arzt, Unterricht, Sport, Einkaufen, Besuch von Freunden, Veranstaltungen und so weiter und so fort, geschlechtstypisch obendrein altersspezifisch aufgeboten werden. Im frühkindlichen Alter wird solcherlei bereits von den betreuenden Bezugspersonen – insgemein überwiegend von der Mutter, daher offenkundig auch **Muttersprache** – von Säuglingstagen an vermittelt.

Bei der Verwendung von **Sprache in Schriftform** ist es logischerweise schwerlich realisierbar einige elementare Facetten wiederzugegeben. Dazu zählen unter anderem ausgeprägtes, unvergleichlich eigentümliches Sprechgebaren – wie Stimmqualität, Sprechgeschwindigkeit, Lautstärke, Pausen, Rhythmus, Intonation, positive detto negative Gefühlsregungen, Sarkasmus, Zynismus, Ironie, Humor ….

All die Dinge, die es vermögen dem gesprochenen Wort – akustisch vernehmbar – noch zusätzlich richtungsweisende, unterstreichende Bedeutung zu verleihen, daneben subjektive Gemütsbewegungen zu reflektieren, können bei der Wiedergabe in Schriftform – für den Leser sichtbar – allenfalls per entsprechend wirkenden Zusatzanmerkungen, kenntlich machenden Markierungen, zudem Interpunktion in der Niederschrift sinnfällig veranschaulichend porträtiert werden. Haargenau das gleiche gilt für alles, was nicht auf Basis einer lautsprachlichen Informationsübermittlung erfolgt, sondern über die Sinne kommuniziert wird.

Sicherlich involviert zwischenmenschliche Interaktion weder zwingend die Verlautbarung, noch den Austausch von Mitteilungen. Allerdings ist jede Kommunikation gleichzeitig auch Teil des Interaktionsgeflechts. Die auserkorene Ausdrucksmanier aller Mitbeteiligten während des Sprechvorganges ebenso, wie die Begleiterscheinungen beim Kommunizieren. Hinzukommend die Verschiedenartigkeit im Ausdrucksvermögen von Individuen aus den gleichen, anderenfalls aus unterschiedlichen Kulturkreisen.

Nicht nur, wenn ein Gegenüber keines Blickes, Wortes gewürdigt wird, sondern auch, wenn viele nichtssagende Worte ausgetauscht werden, ist dies aussagekräftig, obendrein überaus bezeichnend für das Format des Kontaktverlaufes. Sobald man in direkte Fühlungnahme mit einander gerät, fällt alles, was sich **zwischen** diesen Momenten – im Normalfall dem Augenblick der **Begrüßung** – und der

Verabschiedung zuträgt, in den Bereich der Interaktion, einhergehend mit interpersoneller Kommunikation. Unrealisierbar ist es, unterdessen nicht zu kommunizieren. Eines Wortwechsels, der Anwendung von Sprache, bedarf es derweil nicht obligatorisch.

Typischerweise werden als ideal empfundene Abläufe weitaus seltener analysierend evaluiert, als gestörte, nicht reibungslos verlaufende Erlebnisse. Man kommt zwar nicht vorwärts, wenn man ständig zurückblickt. Allerdings kommt man beim Spracherwerb auch nicht weiter, sofern man nicht Lehren zieht, aus dem einen oder anderen kleineren Ausrutscher.

Kommunikationskontakte zwischen Parteien unterschiedlicher Ethnien im Rahmen von «interracial relations» stellen große Herausforderungen dar. Weil um in andere Kulturen einzutauchen und die jeweiligen Kulturstandards zu verstehen, es mehr erfordert als lautliche Äußerungen produzieren zu können. Hinzu über menschliche Sprechorgane, Hörwerkzeuge plus Wahrnehmungsempfindungen zu verfügen.

Grundsätzlich stecken in jeder Einzelsprache andere Perspektivenfenster auf die Welt. Anschauungsweisen, in allem Betrachtungswinkel, die sich einzig durch die Verschmelzung von Sachkenntnis mit Gewandtheit in der jeweiligen Sprache erschließen. Die konstruktive Anwendung von Sprache – diese Besonderheit des Menschen – findet sowohl **im Kopf** statt, als auch **im Kontakt** mit anderen. Guter Sprachsystemgebrauch ist der perfekte Kurs zum Ziel. Nebenher bei allen Interaktionsbelangen, erst recht in sämtlichen Kommunikationsbereichen, primärer Garant für das Zuwegebringen, dass man einander weitestgehend verstehen lernt.

Dabei geht es vornehmlich darum, den Mut zu haben etwas zu riskieren, auszuprobieren, schlussendlich auch zu tun. Um genau das zu lernen, was man lernen will, indem man es tut. Denn die hierdurch gewonnenen unvergesslichen Erkenntnisse führen zum Lernerfolg. Ungeachtet der Tatsache, dass auf Senderseite, vorherrschend im Falle von erwachsenen [Fremd]Sprachanwendern, Ungeschicklichkeiten vielfach elefantös empfunden werden. Wie riesenhafte «Critter» mit der Einschlagwucht von gigantischen Meteoriten, die beim Impakt tiefe Krater hinterlassen.

Kinder scheinen in ihren Lehrjahren infolge Wissbegierde mit «Fettnäpfchen» als Mittel zum prozeduralen Spracherwerb gelassener umzugehen. Einseitig als katastrophal empfundene Pannen, die insbesondere im Bereich der **Interlinguistik**, der Kommunikation zwischen Verschiedensprachigen, nicht ausbleiben mögen, sollten niemals überbewertet, sondern als Chance gesehen werden, Lehrgeld zu zahlen. Um per «Lernen durch Tun» auf unkomplizierte Weise, mit heiler Haut und relativ Blessuren frei, sukzessiv sprachmächtig zu werden.

Dies anfangs selbstverständlich nur im rein privaten Anwendungsbereich, sowie ausschließlich im persönlichen, nicht gewerblichen alternativ berufsmäßigen Verwendungszusammenhang. Realistisch betrachtet, steigern auf Gelehrsamkeit basierende Erfolgserlebnisse sowohl **Sprach-** als auch **Selbstsicherheit**.

Denn letzten Endes macht der Wert der erlernten Lektion/en das möglicherweise inhärent empfundene, imaginäre Krätzerchen am Ego allemal wieder wett. Überwiegt tatsächlich mehrheitlich um ein Vielfaches, fokussiert man auf den Lerneffekt. Besonders dann, wenn perfekte Standardsprache aus dem Lehrbuch, auf **Lebensalltagssprache** mit allen ihren Diversitäten trifft.

Somit Theorie auf Praxis stößt, was in der Regel darauf hinausläuft, dass Lektionen erteilt werden, wie sie nur die Lebenserfahrung, besser ausgedrückt: Die beflissene <u>Sammlung</u> <u>von</u> <u>Erfahrungswissen</u> zu lehren vermag. Wenn beispielsweise im Rahmen einer Klassenfahrt oder eines Schüleraustausches Erstkontakte mit **Regiolekten** wie Cockney im Osten Londons gemacht werden.

Eventuell anlässlich einer Rast in Neapel sich herausstellt, dass das im Unterricht gelehrte Standard-Italienisch nicht im Geringsten, weder andeutungs- noch ansatzweise dem zu ähneln scheint, was die Einheimischen lebhaft auf Neapolitanisch – in kampanischem Dialekt – von sich geben.

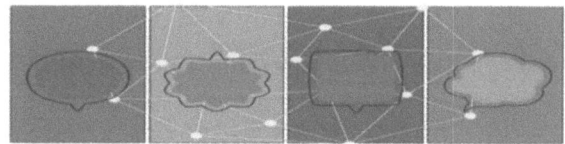

Bitte fragen und beantworten Sie sich selbst folgendes:

Konnten Sie als **willkommener Ausländer** bereits Erfahrungen sammeln in diesen Bereichen?
Vielleicht infolge eines Auslandssemesters?
Im Rahmen von Work & Travel in Australien? Den USA? Anhand von Praktika in Asien?
Anlässlich Entwicklungshilfe in der Dritten Welt?
Einer Tätigkeit bei Ärzte ohne Grenzen?
Einem sozialen Jahr in Afrika, den Tropen oder Gap

Year in der Karibik?

Bei Reisen nach Madrid, Barcelona, Mexiko, Kuba etc. in Bezug auf die spanische Sprache?

Oder hinsichtlich Französisch in Nord-, Südfrankreich, Quebec, Belgien?

Als Tourist bezüglich Portugiesisch in Portugal, Brasilien, Macau?

Was erlebten Sie vor Ort hautnah? Lernten Sie dabei über die Kultur, das Alltagsleben, regionale Ausdrucksformen, Gepflogenheiten?

Welcherlei Sprachgebrauchslektionen bekamen Sie extracurricular von den dort beheimateten Menschen erteilt?

Gab es konkrete Sinneswahrnehmungen, die sich besonders in Ihrer Erinnerung verankerten?

Ging die Verständigung reibungsfrei in der jeweiligen Landessprache vonstatten? Wurde auf die globale Hochsprache Englisch ausgewichen?

Alternativ auf eine Behelfssprache? Kam es zu Sprachvermischungen?

Fühlten Sie sich als Ausländer schon einmal **wenig wertgeschätzt** in irgendeinem Land?

Was genau beeindruckte Sie am nachhaltigsten?

Ein Gefühl der Verbundenheit für die einen. Ausgrenzung aus linguistischen Gründen hingegen für all die anderen, bei denen gelegentlich trotz hervorragender Benotungen, womöglich sogar belegt von Sprachkompetenzzertifikaten, dennoch im realen Leben, in «offline» Verquickungen, inexistente Insidersprachkenntnisse ihren Tribut fordern mögen.

Von frühester Kindheit an, bis ins hohe Greisenalter, gibt es Unterschiedlichkeiten zwischen den Vertretern der Menschheit. Zum einen in Bezug auf ihre Ausstattung mit einer ureigenen wesensgemäßen Mischung aus unter anderem Verstand, Gefühlen, Wille, Temperament, Charakter. Zum anderen hinsichtlich ihrer Interessen, Talente, Vorlieben, Abneigungen. Sich in der Regel äußernd in an die sozialen Erwartungen angepassten Kommunikationsweisen.

Manche Erdenbürger sind ganz ungeachtet ihres biologischen Geschlechts **extrovertierter** – andere hingegen zurückhaltender – **introvertierter** – bedachter, als andere. Die an das Individuum gebundene Art der Sprachsystemanwendung wird außerdem mitbestimmt von teils angeborenen, teils anerzogenen, sowie von im Zuge der von der Person abhängigen Persönlichkeitsentwicklung übernommenen Formulierungsmustern.

Weitere Merkmale sind unbestrittene Nichtübereinstimmungen in den kognitiven Fähigkeiten von
Einzelpersonen. Dazukommend unverkennbar dis-
krepante Ausprägungen der bedeutsamen Sprach-
zentren, namentlich der für Sprachproduktion plus
Sprachverarbeitung zuständigen Gehirnareale.

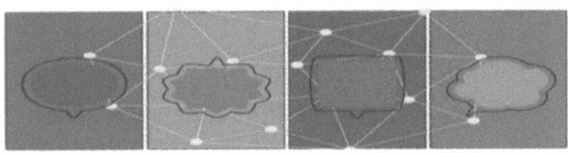

Bitte fragen und beantworten Sie sich selbst folgendes:

Sind Sie ein aus sich herausgehender, geselliger
Persönlichkeitstyp?
Ein Teamspieler? Einzelgänger? Beides ein wenig?
Was sind Ihre Hobbies?
Wie sind Sie veranlagt: Sportlich? Handwerklich?
Musikalisch? Kreativ? Anderweitig?
Fällt es Ihnen leicht Sprachen zu erlernen?
Verabreichen Sie oft/gerne Komplimente?
Auch Kritik?
Was denken Sie: Sind Sie gut im Entgegennehmen
von Kritik und Komplimenten?
Wenn Sie eine zur Hälfte gefüllte Tasse sehen, ist
diese für Sie halb **voll** oder halb **leer**?
Wie viele Mundarten beherrschen Sie?
In wie vielen Sprachen?

Kommunizieren Sie öfter in Umgangssprache, als in Standardsprache?

Beruflich? Privat? Schriftlich? Mündlich?

Insbesondere in der höchstpersönlichen Körpersprache – der nonverbalen Kommunikation – unterscheiden sich manifeste Kommunikationsstile. Gelegentlich variiert mit etwas derber, extremer, systematisch strukturierter Ausdrucksweise. Manchmal reflektieren blumigere Wortwahlen vieles über den jeweiligen Kommunikationstypus. Was in summa ultimativ zu der althergebrachten Erkenntnis führen mag, dass: «Selbst, wenn sie allesamt **eine gemeinsame Sprache** sprechen, auch wenn sie das Gleiche sagen, reden sie oftmals dennoch nicht vom Selben».

Im bundesdeutschen Sprachraum gibt es – wie in jedem anderen Land auf Planet Erde – örtlich geprägte **Dialekte**. Hierzulande sind es präsumtiv 16 bis 20, beispielshalber: Bairisch, Schwäbisch etc.

Dazu zahllose **Regiolekte**, d.h. in ganz Deutschland regional verbreitete, dialektale Umgangssprachen.

Bei einem Besuch von Schloss Neuschwanstein, im Ostallgäu, kann es durchaus passieren, dass Oberbayerisch die standardsprachkundigen Touristen erschüttert. Gelegentlich kommen Dinge zu Ohren, wie: „Daugt ma leid". Was unter Umständen bewirken kann, dass der eine oder andere sich vielleicht wundert, um welche mundartliche Sprachvariante es sich handeln mag? Eine Lingua franca? Oder pidginisierte Behelfssprachform zur Verständigung unter Verschiedensprachigen? Multi-Kulti-Deutsch? Minderheitensprache? Ein Ethnolekt? Wendisch? Sorbisch? Weit gefehlt, obiges ist Oberbayerisch, bedeutend: «Tut mir leid – I'm sorry».

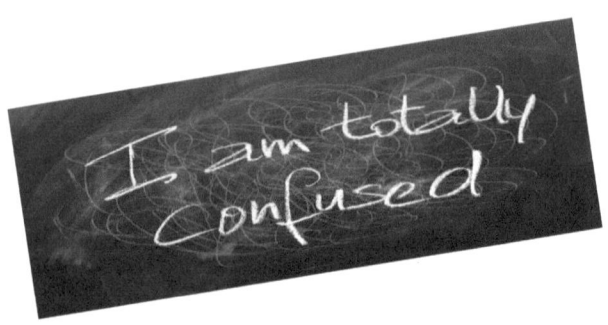

Abbildung 12 – Isn't it a jungle out there? Hoch-, Nieder-, Ober-, Standarddeutsch! Baby-, Teenager-, Frauen-, Männer-, Medien-, Wissenschafts-, Literatur-, Alltagssprache! Sozio-, Regiolekt, Heimatdialekt! Mundartpflege, Patriotismus, nationale Identität! Ain't it nice to speak like a Preuß? Is it perhaps higher to talk like a Bayer?

Es lohnt sich allemal weder die Ohren zu verschließen, noch die Flucht zu ergreifen. Erwiesenermaßen ist das Leben nicht nur der größte, sondern auch der allerbeste Tutor in Bezug auf spezifische Formen der **Umgangssprache**. Seien es lokale Mundarten, Slang, saloppe für bestimmte Dinge typische Ausdrücke oder feste Wendungen. Idioms, deren tatsächliche außergewöhnliche Bedeutungen sich nicht aus den Satzbestandteilen erschließen lassen. Oder für soziale ggf. regionale Gruppen unverkennbar symptomatische, auch generationskennzeichnende Sprechweisen, ähnlich «Personal ID Portraits».

Dinge wie: «um den heißen Brei herumreden – to beat around the bush». Wer derartige Redewendungen nicht kennt, kann leicht kreuzfalsche Rückschlüsse ableiten. Die dazu führen mögen, dass der Betreffende sich in der Lage wiederfindet «auf dem Holzweg zu sein – to be on the wrong track/off the track». Demnach an der «falschen Adresse ist – barks up the wrong tree». Wie ein «kleiner Critter» empfindend, sich selbst eingesteht: «Ich verstehe nur Bahnhof – It's all Greek/double Dutch to me». Daraufhin kleinlaut «das Handtuch/die Flinte ins Korn wirft – throws in the sponge». Dabei womöglich das Gefühl empfindend bzw. in der Tiefe seines Herzens befürchtend, dass sein gesamtes Lernen «für die Katz' – for the birds/all for nothing» gewesen sein könnte, weil scheinbar gar überhaupt kein einziger der Einheimischen <u>genormte</u>, <u>standardisierte</u> **Unterrichtssprache** zu sprechen scheint.

Fernerhin, werden – frustrierender Weise, noch erschwerend hinzukommend, dem Anschein nach in Ermangelung jeglichen Sensibilitätsvermögens – **mit rasender Geschwindigkeit** vom Stapel gelassene Äußerungen gesendet. Dem sich nicht einbezogenen fühlenden Gegenüber kein bisschen Rechnung tragend. Stattdessen unmanierlich verabreicht in einem übertriebenen Komplettpaket. Welches sich aus eindimensionaler Empfängersicht, mehr als gewaschen hat. Denn dieses droht ihn – milde ausgedrückt – in seiner momentanen Spracherwerbsphase, bei seinem aktuell erreichten Kompetenzniveau, schlichtweg zu überfordern.

Fehldeutungen, irrtümliche Vorstellungen, rasante Sprechgeschwindigkeiten, unbedachte Wortwahlen, desgleichen abwegige Erwartungen führen kurzerhand unweigerlich zu enorm desaströsen Informationsverlusten. Sie schmälern hinzukommend drastisch den Erfolgseffekt der sozialen Kommunikation.

Deshalb ist es wichtig möglichst viele – wenngleich nicht alle – <u>Register</u> <u>einer</u> <u>Einzelsprache</u> ziehen zu können. Um in der Lage zu sein «aufs Ganze zu gehen – to go all in». Denn vieles ist den Ambitionierten in derartigen Verständigungssituationen niemals «Wurst – Wurscht» ist ihnen nicht egal. Sondern interessiert, beschäftigt, spornt über alle Maßen an. Weil es für sie definitiv weder «sausage» noch «all the same» ist. Garantiert auch keinesfalls in die unbekümmerte "what shall's? – mox nix" Indifferenzkategorie fällt.

In der Bundesrepublik Deutschland gibt es sechzehn Bundesländer mit jeweils landestypischen sprachlichen Eigenheiten, die allesamt als erhaltenswertes Kulturgut stolz gehegt, im Übrigen gepflegt werden. Kommunikationsstörungen können auftreten, wenn Nichtalteingesessene – also nicht nur im Spracherwerb befindliche Personen – damit konfrontiert werden.

Sprachschüler haben immer die Möglichkeit den/die Sender darauf hinzuweisen: „Ich LER-NE D oder E!" Das sollten sie auch unbedingt tun, denn es ist keine Schande etwas <u>nicht</u> zu <u>verstehen</u> und dies entsprechend kundzutun. Ganz im Gegenteil, es wäre ein enormer **Fauxpas**, solch ein gravierendes Detail nicht auszusprechen. Den/die Empfänger als aufmerksame/n Zuhörer sollte eben jener Hinweis dazu veranlassen, als **Feedback** die Unterhaltung – weder überlaut, zu forsch, noch rasant schnell – in <u>standardisierter</u> <u>Gemeinsprache</u> weiterzuführen. Weil buchstäblich die gesamte Bürgerschaft diese theoretisch perfekt beherrschen müsste.

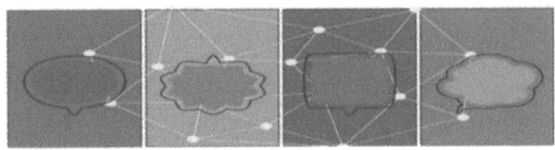

Bitte fragen und beantworten Sie sich selbst folgendes:

Welche Tipps können Sie im Spracherwerb befindlichen Personen erteilen, sollten diese an Menschen geraten, die zu schnell sprechen oder sich undeutlich artikulieren?

Wie fix ist Ihre eigene Redegeschwindigkeit?

Wie lässig Ihr Formulierungsstil?

Was können Sie sich in Bezug auf Dialogpartner besser merken: Gesichter oder Namen?

Warum ist Ihnen der Gebrauch mehrerer Sprachen, in unterschiedlichen Varianten wichtig?

Erfolgen idiomatische Wendungen, wie:

«Wer nicht wagt, der nicht gewinnt – Nothing ventured, nothing gained/No risk, no reward»

auch in Ihrer Erstsprache?

Oder: «Viel Wind um etwas machen – to make a fuss about/heavy weather of/a big deal out of something» Falls JA: In welchen Worten geschieht dies?

Inmitten der Gleichförmigkeit der Alltagsroutine findet die Verständigung zwischen Menschen primär durch <u>eine</u> **gemeinsame** <u>Sprache</u> statt. Egal ob in Erst-, Zweit-, Fremdsprache mit einander – auf einander bezogen – kommuniziert wird. Ein Automatismus im situationsabhängig bedingten Moduswechsel, umsäumt von **innersprachlicher Mehrsprachigkeit**.

Der intuitiven, funktionalen Anpassung an die unterschiedlichen Domänen der jeweiligen Lebensbereiche. Durch instinktiv flexibles Verwenden verschiedenerlei **sprachinterner Varietäten** im Kern jeder beliebigen Einzelsprache. Beispielsweise im hierarchischen beruflichen Beziehungsumfeld. Vis-à-vis Amtspersonen plus Behördenvertretern. Zuhause bei familiären Plaudereien. Im Freundeskreis, Kollegium, bei Freizeitunternehmungen. Rund um Thematiken der beruflichen, sowie privaten Umfeldssphäre.

Unter Verwendung der jeweils angesagten kontextbezogenen Wortschatzpalette. Exemplarisch in Kindersprache, Männersprache, Womanese, Elterisch. Dabei ist die Wortwahl stets abhängig von den Umständen, ebenso Möglichkeiten. Sie erfolgt entweder in allgemeinverständlich formulierter Gebrauchssprache. Alternativ in Hoch-, Fachsprache,

Mundart etc. In der genehmen, eingebürgerten Spektrumsversion. Welche zum Teil einzig in der volkstümlichen Verwendungsweise – nicht in der Literatursprache, auch nicht in der Wissenschaftssprache – der maßgebenden Gewohnheit, ebenso Stimmungslage entsprechend dient.

Was folglich das einzigartige Volumen an **Wortbestandsbedarf**, nicht minder die bedeutsame Natur des optimal konfektionierten Vokabelschatzes determiniert. Maßgeschneidert auf die Erfordernisse jeder beliebigen Person ohne ihresgleichen. Und zwar abhängig von konkretem Fall, fernerhin jeweiliger Konstellation. Über das im Klassenverband, im Rahmen des allgemeinbildenden Sprachunterrichts vermittelbare, genormte Standardvokabularium hinaus. Zuwider bulimischen Lernens.

Ergänzt wird dies durch konstante Verinnerlichung der zur Kenntnis kommenden Rückmeldeinformationen, unter korrespondierender Verknüpfung der «Do's» auch «Don'ts», im Zuge von Leben und Aneignen. Prägt man sich auf solche Weise – infolge **aktiver Partizipation**, zudem im Langzeitgedächtnis abgespeichert – jeden Tag ein neues Detail ein, dann war es ein bemerkenswerter Fortschritt auf der Marschroute hin zur tiefschürfenden Sprach-, Verständnis- plus Ausdruckskraft.

Jedoch geschieht dies wiederum vielfach auf ungeteiltem Wissen basierend. Stark abhängig von dem von Fall zu Fall andersartigen, individuellen Portfolio an Sachkenntnissen. Episodisch dem Mangel an Fachkompetenz. Innerhalb ein und derselben Einzelsprache – ganz egal, ob Deutsch oder Englisch – ist es daher möglich, dass die Wortwechselparteien nicht «dieselbe Sprache» – im Sinne von gleichgeartetem Jargon, nebst Lexikbandbreite – sprechen/schreiben. Manche verstehen «LSD» als Kurzwort für Droge mit halluzinogener Wirkung. Andere verbinden das Akronym mit **L**amborghini **S**lide **D**oors. Wieder andere kennen dieses Kürzel als Modelltyp: **L**arge **S**creen **D**isplay.

Oft **verstehen** sie einander folglich **nicht**, weil sie offenbar gänzlich ungleichartige, etwaig inkompatible Interessen, Absichten, Zwecke, wie auch Ziele verfolgen. Gegebenenfalls sogar aneinander vorbei kommunizieren. Zu allem Überfluss häufig aus unterschiedlichen Alters-, Bevölkerungs-, außerdem Berufsgruppen stammen. Aufgrund all dessen nur schwerlich nachvollziehen können, was genau die/der jeweils andere Beteiligte überhaupt meint.

Weshalb sie gelegentlich mit einander anecken. Denn für sie ist es zumeist keineswegs nur seichte Unterhaltung, sondern von allergrößter Bedeutung.

Immerhin sind sie keine «Plaudertaschen ~ chatterboxes», die sich in belanglose Tändelei verstricken lassen. Daher das eine oder andere Mal sogar aneinandergeraten zum intensiven, idealerweise respektvoll, mit Anstand oberhalb der Gürtellinie stattfindenden Wissens- ersatzweise Meinungsaustausch. Weil sie scharfsinnig mit Leib und Seele bei der Sache sind.

Weit über die Hälfte der Weltbevölkerung verfügt über die Fähigkeit mehr als eine Sprache – mitsamt zugehöriger interner Variablen – zu sprechen respektive verstehen, nämlich über Bilingualität (im Falle von zwei Sprachen), Trilingualität (bei drei Sprachen).

Polyglossie ist keine Krankheit. Nein, dieser aus dem Altgriechischen abgeleitete Fachausdruck bedeutet Multilingualität = Mehrsprachigkeit. Darunter versteht man traditionell das Beherrschen der Nationalsprache/n des eigenen Heimatlandes. Hinzukommend der des gegenwärtigen Aufenthaltslandes. Obendrein eventuell der nationalen Standardsprache eines Nachbarlandes. Fernerhin einer internationalen Sprache, zumeist Englisch.

Ein Repertoire von drei oder mehr Sprachen aufbieten zu können, ist vielerorts etablierter Standard. Multilingualität sorgt nicht nur für euphorisierende Gefühlserlebnisse. Wonneschauer mit eigener Note durch «Learn from others, but do it yourself – Von anderen lernen, aber es selbst tun». Wann immer, wo immer, wie auch immer – höchstpersönlich, eigenverantwortlich, fessellos. Ein ergreifendes, grandioses Glücksgefühl, weil man im Verlauf von zwischenmenschlicher Kommunikation nichts an irgendeinen kleinen, genialen, mobilen, automatisierten Alleskönner oder aber an ein menschliches Übersetzungsmedium zu delegieren braucht. Mehrsprachigkeit erhöht des Weiteren die Chancen auf dem Arbeitsmarkt ungemein.

Falls dieser Mehsprachgebrauch anfangs, je nach Kenntnisumfang, Wissensstand plus Kunstfertigkeit, gedanklich auf Umwegen via mehrere unterschiedliche Einzelsprachen geschieht, gestaltet sich die Umsetzung häufig etwa so, wie das Hin und Her

Pendeln zwischen einem Fahrzeug mit Standard- sodann einem mit Automatikgetriebe. Manche bekommen das prima hin. Legen einfach einen Schalter um. Etliche hingegen bringen die Grundlagen durcheinander. Hämmern auf die Bremse. Schon wird es unter Umständen verzwickt. Andere finden sich im Linksverkehr in einem Rechtslenker ausgezeichnet zurecht. Während es auch solche gibt, die sich damit selbst nicht schwertun, in der korrekten Spur zu bleiben, allerdings ständig Blinker mit Scheibenwischhebel verwechseln.

Stellenweise auch das «überkreuz» Denken nicht schaffen. Wegen der sich «seitenvertauscht» anfühlend positionierten konventionellen Gangschaltung. Ähnlich (8) acht und (20) zwanzig – 28 – twentyeight. Oder dem hierzulande gängigen Tag, Monat, Jahr beim **Datum**, anstelle von Monat, Tag, Jahr. Was bei **6.6.** oder **10.10.** international betrachtet, keine Rolle spielt. Weiterhin beirrt darüber hinaus sporadisch die **Interpunktion** bei Beträgen, Maß-, Mengenangaben etc. – Komma (,) und (.) Punkt – deren Anwendung global vielerorts genau «verkehrtherum» stattfindet. „Gänsefüßchen, Anführungszeichen – inverted commas, quotation marks, kurz: quotes" stehen im Englischen immer oben.

Hinzutretend ist der Kommunikationserfolg des Öfteren stark abhängig von der Geübtheit im – einhergehend mit der individuellen Selbstsicherheit zum – Gebrauch einer Zweit-, Dritt- oder Viertsprache, auf nicht muttersprachlichem Niveau. Nachweislich liegt häufig ein himmelgroßer Unterschied zwischen den **Sachverhaltsbestandteilen** einer Nachricht und der **Empfängerwahrnehmung** plus **Deutung** derselben.

Infolgedessen läuft unabänderlich nicht immer alles absolut konform mit den senderseitigen Vorstellungen zu «**meaning** – Bedeutung, Signifikanz» und denen des Empfängers, wie auch dessen «**Meinung** – opinion, view» zum Inhalt einer Nachricht. Obgleich die Verbalisierung restlos makelfrei gemäß den Regelwerken stattfand.

Wenn Sie [ˈmɛsi] hören, was kommt Ihnen in den Sinn? Der argentinische Elitefußballspieler Lionel Messi? Oder: Eine Person, die an pathologischem Zwangshorten, dem so genannten «Messie»-Syndrom leidet?

„Im Sommer war ich in Paris. – In summer I was in Paris.“

Vorstellung des Senders　　　　**Vorstellung des Empfängers**

Zwischen der Vision des Senders zum Thema und dem fantasiereichen Ideenmix, welchen der Botschaftsgehalt beim Empfänger auslöst, mögen Zeitzonen, Welten, Lufträume, eventuell tausende Kilometer liegen, die nur mittels **Feedback** überwunden werden können. Selbst, wenn die Parteien mutmaßten, einander meisterhaft verstanden zu haben. Sei es innerhalb derselben Einzelsprache/n oder sprachübergreifend von einer Sprache alternativ Sprachvariante in die andere.

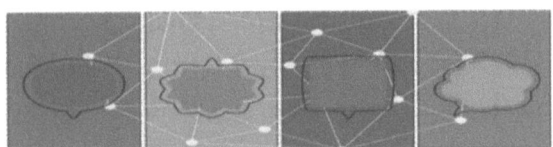

Bitte fragen und beantworten Sie sich selbst folgendes:

Inmitten wie vielen Sprachen und Sprachvarietäten können Sie problemlos umschalten?
Erlebten auch Sie bereits Situationen, bei welchen vor dem geistigen Auge des Senders und dem des

96

Nachrichtenempfängers, eine komplett andere Vorstellung ausgelöst wurde?

Gerade so, als würden die Beteiligten verschiedene Filmabläufe sehen?

Was tun Sie, wenn Sie die Befürchtung hegen, es könnte zu Missdeutungen gekommen sein?

Die von ihm gewählten Worte bedeuten dem <u>seriösen</u> **Sender** etwas, ansonsten würde er sie nicht verwenden. Genau daher möchte er sie punktgenau gemäß seiner Intention, nicht laut freier Empfängerinterpretation verstanden wissen. Musterhaft im Falle der primären englischen Modalen Hilfsverben: can, could, may, might, must, shall, should, will, would. Alternativ bei den Semi-Modals oder Quasi-Modals: have to, need to, be able to, ought to, welche ersatzweise denselben Zweck erfüllen. Sie dienen – ebenso wie die sechs deutschen Modalverben – dazu Fähigkeiten, Erlaubnis, Absichten, Obliegenheiten, Möglichkeiten, Notwendigkeiten etc. zum Ausdruck zu bringen.

Es **mag** sein (Möglichkeit – may be), dass der eine oder andere gewisse Statements nicht **mag** (mögen – to like). Die Finessen von Worten im Kontext nicht versteht. Es **soll** (Vermutung, Hörensagen) auch solche geben, die alles wissen **wollen** (den Wunsch haben alles zu erfahren – allerdings auch denkbar: vorgeben/behaupten alles zu wissen). Mancher **will** (wants to – Wunsch, Wille) lernen, ob er es tun **wird** (<u>will</u> do – Futur) ist eine andere Sache. Viele **möchten** (would like – wollen) nun Dinge tun, die sie früher gar nicht **mochten** (did not like – mögen). Möchten: Präteritum = <u>wollten</u>!

Seine Verbverwendungen im Indikativ, Imperativ, Konjunktiv sind dem Sender wichtige Utensilien. Denn er kommuniziert mit den jeweiligen Modi, ob es sich um allgemeingültige Aussagen, Aufforderungen, Zitate, Annahmen, Ansprüche, Pflichten, Tatsachen, Pläne, Bestreben, Gebote, Verbote, Wunschdenken, Bitten, Realität, Fiktion etc. pp. handelt.

Mögliche, unmögliche, erwünschte, unerwünschte Sachverhalte, Mutmaßungen, Erfordernisse, Wahrscheinlichkeiten u. v. m.

Können müssen, können wollen – dürfen, mögen sollen.

Möchten ist die höflichere Form von **wollen**. Der Konjunktiv II von **mögen** und findet in der Vergangenheit keine Verwendung.

Mögen wird meist als Vollverb benutzt.

„**Kann** ich aufs Klo gehen?" Nun, woher soll der Empfänger wissen, was der Sender kann? Der Gefragte kann – da es sich um eine geschlossene, mit einem Verb beginnende Frage handelt – dem Fragenden entweder bejahend sein Okay, seine Zustimmung geben. Ansonsten in Ablehnung verneinen. Als mögliche Antwort auf Englisch wäre denkbar: „I don't know if you **can**, but you **may**." Die Anfrage hätte wohl schicklicher lauten können/sollen: Könnte ich **bitte**…? Dürfte ich…? Wäre es in Ordnung…?

So sehr viele Unterschiedlichkeiten es auch geben mag zwischen den beiden Sprachen Englisch und Deutsch, den Allgemeingebrauch, sich anschließend die Individualanwendung betreffend. Es existieren dennoch extrem viele **Gemeinsamkeiten**. Exemplarisch die **Zeichensetzung** zur Veranschaulichung der Satzarten: Punkt (auf BE = Full Stop; auf AE = Period .) markiert das Aussagesatzende. Egal ob Haupt- oder Nebensatz. **Betonung**: Stimme nach unten. Fragezeichen (question mark **?**) kennzeichnet einen Fragesatz. **Betonung**: Stimme nach oben. Ausrufezeichen (exclamation mark **!**) verdeutlicht einen Ausrufesatz. **Betonung**: Stimme heben. Man braucht lediglich genauer auf Übereinstimmungen zu achten, dann ist es höchst unwahrscheinlich, dass einem die gleichförmigen Parallelen von regelgerechter Stimmführung plus Interpunktion entgehen.

Die inkorrekte Wiedergabe und/oder Abänderung, egal ob schriftlich oder mündlich, von nur einem einzigen winzig kleinen Buchstaben hat Konsequenzen. Im Englischen, wie auch im Deutschen. Exemplarisch im Falle von: **b**all – **b**ell – **b**ill – **b**ull. Oder: **b**atch –**c**atch – **m**atch – **w**atch. Ebenso bei: **B**and – **H**and – **L**and – **R**and – **S**and – **T**and – **W**and. Desgleichen: **A**rt – **O**rt; **b**ald – **B**ild; **h**art – **h**ört – **H**ort; **L**ot – **r**ot – **t**ot; **W**ald – **w**ild – **W**ild etc. Fallen Ihnen noch weitere Belegbeispiele ein?

Genauso relevant, wie die korrekte Aussprache und Schreibung ist die regelkonforme **Interpunktion**. Vielfach wird die Gewichtigkeit von minimalen Details, wie <u>Beistrichen</u> unterbewertet. Dabei kann sowohl im Englischen, als auch im Deutschen deren unsachgemäßer Gebrauch enorme Folgen nach sich ziehen. **Zeichensetzung** ist überaus bedeutsam, wie ersichtlich anhand der folgenden Beispielsätze:

Erkennen Sie den Unterschied? ZWISCHEN:
Let us eat, honey! UND: Let us eat honey!

Hier auch (?) im Falle von: Komm, wir essen, Brie!
UND: Komm, wir essen Brie!

Wir sahen die Zwillinge, M und C.
We saw the twins, M and C.
We saw the twins, M, and C.
Wie viele Personen werden von Ihnen jeweils gesehen?

Kinder behaupten, Eltern haben es gut.
Kinder, behaupten Eltern, haben es gut.

Der Hund beißt die Katze nicht. IM GEGENSATZ ZU: Der Hund beißt, die Katze nicht.

Das schönste Gelände weit und breit. DAGEGEN:
Das schönste Gelände, weit und breit.

POM Fritz sagt, sein Partner bestellt immer Pommes Frites.

POM Fritz, sagt sein Partner, bestellt immer Pommes Frites.

„X", behauptet Y „wird nicht kommen."
X behauptet: „Y wird nicht kommen."

Der Chief befahl, ihm zu folgen.
UND: Der Chief befahl ihm, zu folgen.

Spracherkennung läuft, nicht aufhören!
Spracherkennung läuft nicht, aufhören!

Während seine Nase läuft, läuft im Fernsehen ein Programm darüber, dass ein Roboter ein Rennen gegen Menschen läuft.

Aktives Zuhören sichert ab gegen unausgegorene, fehlerhafte Schlussfolgerungen dahingehend was, wie, wo, wann, warum **läuft**. Was es **gibt** alternativ **los** ist. Wie, worum es **geht**. Was, wann, wer, wie, weshalb, wohin **geht** oder auch nicht. Trotz nichtssagender Tätigkeitswörter.

Mächtige, würzende Modalpartikeln auf Englisch bekannt als «Mighty, Flavouring Modal Particles», verstärken ein Statement oder schwächen es ab. Sind tatsächlich nicht einfach zu handhaben. Sprachübertragend erweist es sich oftmals als kniffelig sie gleichbedeutend wiederzugeben. Gehandhabt unter dem Motto: «so genau wie möglich, so frei wie nötig» stellen sie je nach Verwendungskontext allergrößte Herausforderungen dar.

Recherchiert man Buchstabenverbindungen einzeln im Wörterbuch, nicht im Wortverbund – etwa als Folge derartiger Ausrufe: „Was soll das **denn nur**?! Was ist **bloß** los? Gerade läuft **ja mal** die Spielübertragung, **doch** der Fernseher geht **halt** wieder nicht!" – weil <u>man</u> diese informelle Form der Sprachverwendung nicht im Unterricht kennengelernt hat, dann bereut <u>man</u> – die Allgemeinheit, nicht, wie neuerdings häufig verwendet, speziell nur <u>du</u> – eventuell bitterlich, es unterlassen zu haben, unverzüglich an Ort und Stelle beim Sender zwecks Abklärung nachzuhaken.

Selbstverständlich kann ein Rückfrageversäumnis, desgleichen der Umgang mit Nachschlagewerken durch unbewanderte Laien, absolut verhängnisvolle Kommunikationsstörungen hervorrufen. Ganz zu schweigen von den durchaus beachtlichen Verminderungen des Informationswertes, Irrungen, Spannungen, Pannenserien, Kontroversen, Pietätlosigkeiten, die dadurch im schlimmsten Fall der Fälle begünstigt werden können. Gelegentlich ohne, dass die betroffenen Parteien dies auf Anhieb bemerken.

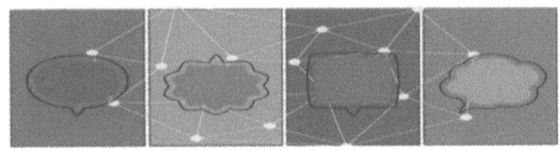

Bitte fragen und beantworten Sie sich selbst folgendes:

Verwenden Sie bei an die Allgemeinheit adressierten Details «man» oder «du»?

Exemplarisch: **Man** darf hier nicht telefonieren. **Du** darfst hier nicht telefonieren.

Wofür denken Sie, steht «POM» auf Seite 101/102?

Was ist Ihre Ansicht zur Benutzung von ausdruckslosen Tätigkeitswörtern?

Erkennen Sie beim Wort «**gewohnt**» das enorme Gefahrenpotential? Ich «**bin** gewohnt – I am used, accustomed to». Ich «**habe** gewohnt – I have lived, resided, dwelled etc.». Bei kontextisolierter Betrachtung von «**gewohnt**»!

Gebrauchen Sie selbst Abtönungspartikeln, um Ihre Kommentare zu «verfeinern»?

Welcher bedienen Sie sich, damit der jeweilige Empfänger Ihrer Nachricht zusätzlich entnehmen kann, ob und wie sehr/wenig erstaunt, interessiert, ratlos, verärgert, frustriert, erfreut, skeptisch, misstrauisch etc. Sie sind?

Das Akronym POM steht übrigens in den auf den Seiten 101 und 102 zugrunde liegenden Beispielfällen für den deutschen Dienstgrad: Polizeiobermeister.

Akkurat verfasste Detailangaben, akribisches Hinterfragen, intensives Ohrenspitzen, daneben aufmerksames Beobachten des Gegenübers, erhöhen deutlich die Zugkraft der bidirektionalen Kommunikation. Prophylaktische Maßnahmen vermögen zwar nicht gänzlich das Risiko von Fehlauslegung zu eliminieren, sind jedoch imstande, es erheblich zu reduzieren auf eine minimale Untergrenze.

Letzten Endes bahnen sensibilisierte, zungenfertige Partner durch beharrliches Hinhören mit wachen Sinnen, außerdem vorausschauend erwählten Ausdrucksweisen den Weg dafür, kritische Situationen rechtzeitig zu erkennen, anknüpfend konstruktiv zu bewältigen. Sie sehen, diese «Art» ist sehr einfach anzuwenden, vereinfacht dazuhin alles. Egal, ob Sie es auf Englisch als «Kunst» erachten oder schlicht als «Weise» und Manier auf Deutsch verstehen. Ganz nach dem Motto: «Wer Bescheid weiß, konzentriert beteiligt bleibt, sich sogleich am Feedback direkt orientiert, ist gerüstet».

Was im Endeffekt unweigerlich hinausläuft auf: «Forewarned is forearmed ~ Vorgewarnt ist gewappnet»! Denn «Gefahr erkannt, Gefahr gebannt», drückt schlussendlich nichts anderes aus als: «A danger foreseen is half avoided».

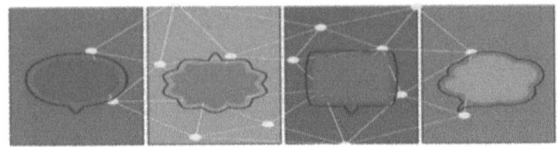

Bitte fragen und beantworten Sie sich selbst folgendes:

Schauen Sie über den Tellerrand hinaus?
Bereiten Sie sich mental auf schwerwiegende Unterredungen vor? Schreiben Sie «Spickzettel»?
Beschäftigen Sie sich vorab mit Details, wie: Was sage/frage/antworte ich, ggf. auch nicht, falls?
Wie reagieren Sie auf Personen, die vorgeben: „Das **kann** ich nicht." Anstatt aufrichtiger Weise zu äußern: „Das **will** ich nicht." (?)
Ist es für Sie mehr bedeutsam rechtzuhaben, Recht zu bekommen oder alles richtig zu machen?
Sind Sie grundsätzlich bemüht Kompromisse zu finden?
Wie handhaben Sie rechthaberische Menschen? Individuen, die keinerlei, alternativ negatives, jedoch niemals **konstruktives Feedback** senden?

Einen Fahrstuhl zum Erfolg gibt es nicht.

Man muss die Treppe nehmen. Schritt für Schritt.

Wie fundiert war Ihr **Sprachwissen**, als Sie sich auf die Piste, das Eis, in den Ring wagten, um Ihr **Sprachkönnen** zu perfektionieren?

Am 29. August 1951 lag das erste **Micky Maus** Heft in deutschen Kiosken aus. Es kostete 75 Pfennig. War seinerzeit die erste deutsche Zeitschrift, die nur aus **Sprechblasen** und Bildern bestand, sowie vollständig in Farbe gedruckt wurde. Kritiker befürchteten damals, dass die **deutsche Schriftkultur** untergehen könne. Heutzutage zahlen Sammler mehrere tausend Euro für diese ersten Exemplare.

Aktuell fürchten zahlreiche Menschen wieder. Diesmal um den **Verfall** der schönen deutschen **Sprache**. Weil Sprachnormtradition außer Mode geraten zu sein scheint. Stattdessen wohl eine beliebig #ver#schlag#wor#te#te# Mixtur angesagt ist.

Sich vermehrt offenbarend darin, dass der eine den anderen kaum mehr versteht. Tür und Tor öffnend für Missverständnisse plus Konfliktsituationen.

Nicht nur bei der Kommunikation zwischen Verschiedensprachigen. Dies häufig aufgrund vieler schneller, lauter, bunter, effekthascherischer Sinnesreize. Hinzukommend inkonsistenter Begriffsdefinitionen bei dem für den passenden Sprachgebrauch erforderlichen Vokabelschatz. Geschätzte zweihundert bis dreitausend je Sprache – zur Abdeckung der individuellen Eigenbereiche des täglichen Lebens geeignete – notwendige Worte, die allem Anschein nach, nicht länger für alle Anwender kompatible Bedeutsamkeit haben.

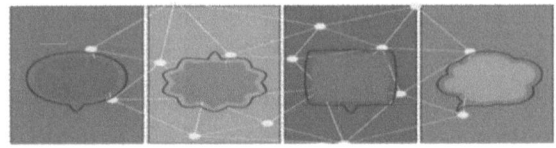

Bitte fragen und beantworten Sie sich selbst folgendes:

Sind Sie der Auffassung, dass es eine große Rolle spielt, was wir lesen?
Denken Sie, es ist viel wichtiger, dass wir überhaupt lesen? Auch nur Snippets?
Hat lesen eine entschleunigende Wirkung auf Sie?
Hilft es Ihnen beim Stressabbau?

Ziehen Sie Podcasts vor? Radio? Fernsehen?

Was tun Sie zur Entspannung?

Zur Informationsbeschaffung?

Wie viele Worte benutzen Sie dafür?

In Ihrer Erst-, Zweit-, Dritt-, Viertsprache?

Welchen Umfang hat Ihr aktueller Wortschatz in den betreffenden Sprachen?

Wo, wie, über welche Zeiträume eigneten Sie sich Ihre Sprachen bis zum jetzigen Niveau an?

Verwenden Sie diese Sprachen säuberlich getrennt? Verquirlen Sie sie miteinander?

Wurde Ihnen beigebracht phonetische Lautschrift zu lesen?

Wer hat Sie die korrekte Artikulierungsweise von Lauten gelehrt?

Was geht bei Ihnen schneller? Lesen? Sprechen?

Werden die verwendeten Zeichen unterschiedlich systematisiert alternativ definiert, ist es ohne **Feedback** schier unmöglich die Informationsmit-

teilungen eindeutig, ohne **Fauxpas**-Risiko zu deko-
dieren. Wie bei 1) - 5) unterhalb, da Homonyme:

1) Bei seiner Ergreifung hatte er das gestohlene
Geld unter den **Armen** verteilt.
Wie würden Sie dieses Statement deuten?
a) In den <u>Achselhöhlen</u> versteckt?
b) <u>Bedürftigen</u> Menschen gegeben?

2) Er **stellte** sich **vor**.
Wie ist dies Ihrer Ansicht nach gemeint?
a) He **introduced** himself. «Hallo, mein Name ist..»
b) He **imagined**. «Es wäre schön ….»

3) Sie **verdient** ….
Was denken Sie, bedeutet das auf Englisch?
a) She **deserves** a medal.
b) She **earns** xx €.

4) Weitere Wörter, die **gleich** <u>aussehen</u> und <u>klingen</u>,
jedoch **unterschiedliche** <u>Bedeutungen</u> haben:
a) **Kosten** Sie doch bitte diesen Kuchen! (probieren)
b) Wie hoch sind die **Kosten**? (Preis)
Wie viele andere Homonyme können Sie nennen?

5) Holt mir bitte den **Engländer**!
Was wird nach Ihrer Einschätzung angefordert?
a) Ein Werkzeug?   b) Eine Person?

6) Wie interpretieren Sie das markierte Wort?

«Frauen und **Menschen**»

a) Als Sinnverfälschung von «men – Männer»?

b) Eine männerfeindliche Redensart?

7) Kennen Sie den Unterschied zwischen:

a) That was **fun**?

b) That was **funny**?

Was hat Spaß gemacht? a) oder b)?

Was war lustig? a) oder b)?

8) Was tut der Betreffende? He «**swears**».

a) **Flucht** er? **Schimpft** er?

b) **Schwört** er? **Leistet** er einen **Eid**?

Was sehen Sie vor Ihrem geistigen Auge? a) oder b)

9) Wie viele Homophone fallen Ihnen spontan ein?

a) Beispiele für **gleich** klingende, allerdings **unterschiedlich** geschriebene englische Wörter: buy – by – bye; brake – break; hear – here; knight – night – nite; one – won; steal – steel; weather – whether ....

b) Beispiele für **gleich** klingende, allerdings **unterschiedlich** geschriebene deutsche Wörter: Aas – aß; Mathe – Matte; Mohr – Moor; Reederei – Rederei; reist – reißt; Schwämme – Schwemme; späht – spät; starrt – Start; Villen – Willen; wehrt – Wert ….

Können Sie die jeweiligen Auflistungen a) und b) ergänzen?

10) So viele Sound Alikes und Look Alikes, mit anderen Worten «**Falsche Freunde**». Erraten Sie, was «Homographe» sind? Genau, das sind Wörter, die **gleich** <u>aussehen</u>, zumeist **unterschiedlich** <u>ausgesprochen</u> bzw. <u>betont</u> werden, außerdem **unterschiedliche** <u>Bedeutungen</u> besitzen.

Beispielsweise folgende teils «D/E» Homographe:

der Brand	fire, burn
brand	die Marke
die Dose	can, tin
dose	die Dosis
der Gang	corridor
gang	die Bande
der Happen	bite, canapé
to happen	geschehen, passieren etc.
die Mode	fashion
mode	der Modus
mod<u>e</u>rn	fashionable, modern etc.
m<u>o</u>dern	to decay, rot
die Montage	mounting, assembly
die Mon-tage	Mondays
der Stock	stick, floor, storey
stock	der Vorrat
die Vers-endung	die Ver-sendung
das Film-ende	der/die Filmende

Kennen Sie weitere klassische «**Fake Friends**»?

11) Stünde vor Ihnen ein hübsches kleines Bäumchen. Würden Sie es

a) **u**mfahren   oder   b) umf**a**hren?

12) Was ist Ihre Definition von «**Joker**»?
a) Ein Spaßmacher, der «Witze = jokes» erzählt?
b) Reserve, Hilfe, Trumpf etc.?
Fallen Ihnen weitere **Pseudo-Anglizismen** ein?

13) Wir treffen uns im **1. Stock**.
Wohin würden Sie sich begeben?
a) In das Erdgeschoss?
b) In das erste Obergeschoss?

14) BE [jɔːʳ] auch [jʊəʳ], AE [jʊr]
Wo lesen/hören Sie: **your**? Wo: **you're**?

15) Können Sie den Unterschied erkennen und/oder heraushören zwischen: Eintopf – ein Topf?

Fiel Ihnen das Vorangehende leicht, **weil** Sie sich beide Sprachen optimal verinnerlicht haben?
Sie haben **zwar** einiges vergessen, **aber dennoch** konnten Sie es insgesamt recht gut bewältigen?
Gelang Ihnen alles, **obwohl** Sie allerlei wieder auffrischen sollten?
Ihnen ist manches entfallen, **trotzdem** «hat es Spaß gemacht – it was fun»?

Verständigungsmittel SPRACHE –
Zeichensysteme erfassen und
Systemgebrauch verstehen

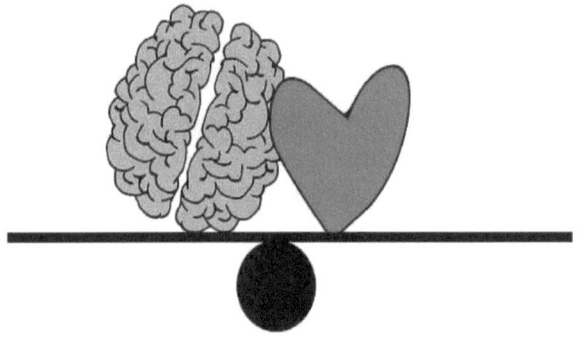

Abbildung 13 – Begreifen Sie stets alles? Worauf verlassen Sie sich?
Logik? Instinkt? Intuition? Anderes Rüstzeug und Behelfe?

Weltweit dürfte es aktuell rund siebentausend verschiedene, aktiv verwendete, natürliche Einzelsprachen geben. Davon in Europa alleine über
fünfzig. Da Sprachen als Träger von kulturellen
Ausdrucksformen, somit von erhaltungsbedürfti-
gem **Immateriellem Kulturellem Erbe (IKE)**,
sprich nicht greifbarem, unanfassbarem – Englisch: Intangible Cultural Heritage (ICH) – gelten,
genießen sie vielerorts nicht nur Schutz, sondern

werden von der überwiegenden Mehrheit ihrer jeweiligen Nutzer/innen entsprechend pfleglich gehandhabt.

Sehr viele von diesen natürlichen Sprachsystemen sind allerdings vom Aussterben bedroht. In aller Regel enden die schriftlichen, folgenreich auch die mündlichen Weitergaben von kulturellen Riten, Bräuchen, darüber hinaus Traditionen in den betreffenden Sprachen mit dem Sprachtod.

Unterschieden wird – ohne jeglichen Tiefgang ausgedrückt, zwischen «**natürlichen**» im anderen Fall «**konstruierten**» Sprachen. Weiterhin wird aufgegliedert in diverse Verständigungssysteme zur Kommunikation, pauschal die «<u>Sign</u> <u>Languages</u>».

Einerseits verdeutscht als Gebärden- bisweilen zubenannt Taubstummensprachen bezeichnet. Die eigenständige Deutsche <u>Gebärdensprache</u>, ist ident vieler anderer Gebärdensprachen, eine visuelle Sprache. Das **Gebärdenalphabet** – mit den Händen geformte Sprachzeichen – wird eingesetzt zur Kommunikation mit schwerhörenden, sowie gehörlosen Menschen. Das **Tastalphabet** kommt bei taubblinden Personen zum Einsatz. Die erhabenen Strukturen der Blindenschrift werden von Betroffenen ohne Sehfähigkeit – auch Sehkraft, Augenlicht u. a. genannt – über den Tastsinn mit den Fingern gelesen.

Andererseits wird «<u>Sign</u> <u>Languages</u>» wortgetreu mit <u>Zeichensprachen</u> ins Deutsche übersetzt, vorbildhaft das **Fingeralphabet**. Daneben gibt es spezielle immer, praktisch allüberall einsetzbare taktische <u>Gestensprachen</u> – «<u>Gesture</u> <u>Languages</u>» zum lautlosen Austausch von Informationen. Denn «unhörbar» desgleichen «schriftlos» bedeuten keineswegs «sprachlos». Überall dort, wo Teams dirigiert werden, egal ob Chor, Orchester, Truppen etc.

Lassen Sie sich gelegentlich **a) unterstützen** oder **b) ersetzen**, um Kommunikation mittels Ihnen persönlich ungeläufigen nicht-/lautsprachlichen Verständigungssystemen zu ermöglichen?

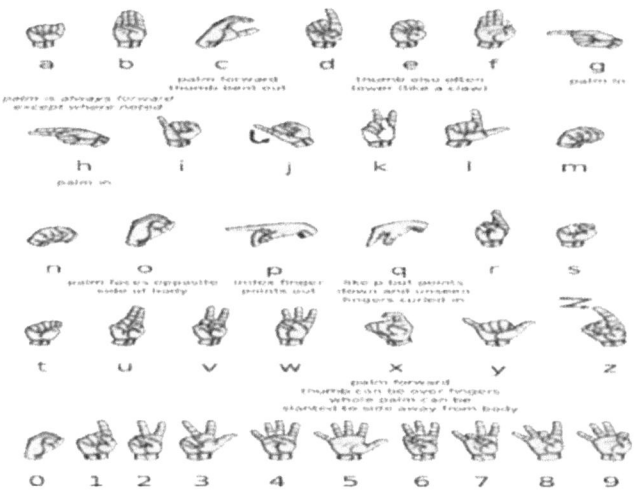

Tradierte, nicht durch wörtliche oder schriftliche Sprache umgesetzte Methoden zur Entäußerung von Botschaften sind **Trommelsprachen** unter Verwendung von differierenden Schlaginstrumenten, als klassisches Beispiel: Buschtrommeln.

Ansonsten existieren vielfältige nichtsprachliche **Signalsysteme** zur außersprachlichen Kommunikation, exemplarisch: Rauch-, Licht-, Verkehrszeichen, Flaggen. Nicht zu vergessen bildbasierte Symbolsystemdarstellungsweisen in allen Lebensbereichen. Denn eine grafische Darstellung, insbesondere ein Bild «sagt» – laut Volksmund – oftmals mehr als tausend Worte. **Lautsprachen** werden keineswegs nur akustisch wahrnehmbar artikuliert.

Sondern können auch kodiert, geschrieben ergo fühl-, les-, sicht- respektive tastbar abgebildet werden. Charakteristischerweise in Bilder-, Blinden-, Buchstaben-, Silben-, Wort-, stenographischer Schrift, wie auch phonetischer Lautschrift etc. pp. Natürlich gibt es noch Unmengen von weiteren gebräuchlichen Kommunikationsarten und -formen. Unter anderem gängig per Morsecode zur telegraphischen Übermittlung von Buchstaben.

Menschliche Sprachlaute werden vorwiegend durch Kontraktionen der Muskeln des Sprechapparates mithilfe der Lippen, Zunge, Zähne, Stimmbänder plus des Kehlkopfes erzeugt. Sie unterscheiden sich deutlich vernehmbar von sonstigen Geräuschen. Qualität, genauso Klangfarbe, bei der Verfertigung von phonetischen Lauten sind Übungssache. Nicht unähnlich einem Muskelerinnerungssport.

Häufig unterliegen gesprochene Lautsprachen viel mehr sozialen Regeln als **Schriftsprachen**. Sie sind sowohl Requisit als auch Ressource zur vollen Ausgestaltung der Intensität des interpersonellen Austausches. Reichend von **Behelfssprachen**, gemeint sind reduzierte Sprachformen, für die Verständigung unter Verschiedensprachigen. Bis hin zu kodierten, chiffrierten, SMS, sich anschließend **Geheimsprachen**.

Das berühmte, mittelalterliche Voynich-Manuskript vollends zu entschlüsseln, welches in einer unbekannten Verschriftung handschriftlich verfasst ist, gelang bis heute keinerlei Experten weltweit. Die unmöglich anmutende Entzifferung leistet immerfort Vorschub zu allerhand Spekulationen in Bezug auf Verfasser, zudem Inhalt. Weder Forschern, Spezialistenteams, Kunsthistorikern, noch Computern war es bislang vergönnt, das unaufhörliche Rätsel um das etwa 35.000 Worte umfassende Schriftstück zu lösen.

Können Sie die drei folgenden deutschen Sätze lesen? Auch von Laut- in Schreibschrift übertragen?

ˈyːbʊŋ ˈmaxt dɛn ˈmaɪ̯stɐ

ˈguːtəs ˈt͡saɪ̯t ˌmɛnɪt͡ʃmənt ɪst ˈvɪçtɪk

dɪ ˈkɪʁçə ɪm dɔʁf ˈlasn̩

119

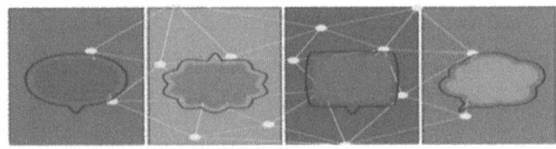

Bitte fragen und beantworten Sie sich selbst folgendes:

Wie gestaltet sich Ihr Schriftverkehr?

Gefällt Ihnen die Kunst des schönen Schreibens?

Verfassen Sie private Textnachrichten handschriftlich?

Welches «Handschrift-Alphabet» verwenden Sie eigenhändig bei Grußkarten?

Können Sie traditionelle Schreibschriften, wie: **Sütterlin**, **Offenbacher**, **Kurrent** lesen?

Sind Ihre Finger und Handgelenke «eingerostet» durch zu viel Schreibarbeit am PC?

Freuen Sie sich über den Erhalt von nicht maschinell erstellter Privatpost?

Wollen Sie wissen, wie das Wetter ist, gehen Sie online oder schauen Sie aus dem Fenster?

Nachfolgend die Transkriptionen der auf Seite 119 abgelichteten Lautschrift-Beispiele in Schreibschrift:

Übung macht den Meister

Gutes Zeitmanagement ist wichtig

Die Kirche im Dorf lassen

Hatten Sie Schwierigkeiten bei deren Entziffern bzw. Übertragen in Schreibschrift? Gelang es Ihnen ganz mühelos?

Die zwei westgermanischen Sprachen Englisch und Deutsch gehören aus historischer Sicht der Sprachfamilie der indogermanischen – auch als indoeuropäisch bezeichneten – Sprachen an. Mit schätzungsweise rund drei Milliarden Sprechern ist die indogermanische Einheit die Muttersprachler reichste **Sprachfamilie** weltweit. Englisch ist die sprecherreichste der fünfzehn germanischen Sprachen, gefolgt von Deutsch.

Beide werden durch das **Lateinische Alphabet** – das **Abc** – wiedergegeben. Die deutsche Sprache allerdings durch ein erweitertes, aus mehr als sechsundzwanzig Buchstaben bestehendes Alphabet. Da in der deutschen Sprache die drei Umlaute «Ä-ä, Ö-ö, Ü-ü», sowie das Eszett «ß» zu dessen Buchstabenbestand – zusammengesetzt aus fünf Vokalen und einundzwanzig Konsonanten – hinzukommen.

Weltumspannend gibt es rund einhundert grundverschieden aussehende Alphabete. Sämtliche die ser Buchstabenschriften statuieren jedwede der in geschriebener Form niedergelegten Symbole, besonders deren Reihenfolge. Wie hiernach folgend auszugsweise ersichtlich, bei dem wohl **namengebenden** Griechischen **Alphabet** in Groß- und Kleinbuchstaben: A α – **Alpha**; B β – **Beta**; Γ γ –

Gamma; Δ δ – Delta etc. Diese speziellen Schriftzeichen einer Einzelsprache werden in strikter Anlehnung an orthographische Leitlinien zu Wörtern verknüpft, sodann entsprechend verschriftlicht.

Mittels **Transliteration** erfolgt im Rahmen des Erschließens und Zugänglichmachens von Literatur, Lehren, Fremdsprachen usw. eine **buchstabengetreue Übertragung** von den Wörtern aus einer Schriftsprache in die andere. Exemplarisch von den Buchstaben Arabisch-basierter Alphabete oder dem Kyrillischen Alphabet in das lateinische, erdumfassend am weitesten verbreitete Schriftsystem. Diese Umschrift spielt ebenfalls eine ansehnliche Rolle bei der Schreibung von Dingen, die nicht übersetzt werden können, wie beispielsweise Eigennamen.

Wenn Sie Vornamen, wie exemplarisch: «Andrea, Gabriele, Maria» hören, unterstellen Sie dann, dass es sich um Personen weiblichen Geschlechts handelt? Wie ist es im Falle von «Charlie» oder «Sam»? Lassen Sie Vorsicht walten, um niemandes Würde zu verletzen? Weil diese Vornamen keine verlässlichen Rückschlüsse auf das natürliche Geschlecht der Individuen zulassen? Respektieren und achten Sie die divergierenden Sitten anderer Völkerschaften und Sprachkulturen?

Die <u>linguistische</u> **Übersetzung – Translation** ist hingegen das Endergebnis des Vorganges der **Wort** – nicht der «Buchstaben» – **getreuen Übertragung** von Abfassungen aus einer Ausgangs- in eine Zielsprache. Wobei mit wortgetreu nicht verbatim, im Sinne von wörtlich, also Wort für Wort für Wort gemeint ist. Sondern die wortwörtlich präzise formulierte Wiedergabe – das **Translat** – des kompletten Inhaltes in akkurater Übereinstimmung mit der exakten Vorstellung des Verfassers/Senders.

Das Übertragen von einer Sprache in die andere, das **Übersetzen** – schriftlich, wie auch das **Dolmetschen** – mündlich, hat zwei Ziele: Kultur- plus Sprachmittlung. Dolmetschen, egal ob konsekutiv oder simultan, sei es unidirektional alternativ bidirektional, bedeutet mitnichten interpretieren. Obgleich die englische Übersetzung für «Dolmetscher – Interpreter» lautet. Der Ausdruck Dolmetscher entstammt der türkischen Sprache. Er bedeutet Mittelsmann. Somit Vermittler zwischen Gesprächsparteien, die sich aufgrund der Tatsache, dass sie ungleiche Sprachen sprechen, nicht mit einander verständigen können.

Lehren, Dolmetschen, Übersetzen sind berufliche Tätigkeiten, die es bereits in der Antike gab. Professionelle Übersetzer und Dolmetscher gewährleisten ein reibungsloses Funktionieren von sprachübergreifender Kommunikation in praktisch allen Lebensbereichen. Sowohl in soziokulturellen Austauschsituationen als auch Unmassen von speziellen Sachgebieten. Gleichwohl sehen diese traditionellen Berufe im Zeitalter der Globalisierung einem Umschwung ins Gesicht. Da der Beruf des Dolmetschers, genauso der des Übersetzers nicht geschützt ist, können sich auch nicht ausgebildete Personen als solche bezeichnen. Theoretisch darf jede/r derartige Dienstleistungen feilbieten. Ohne über sprach-

spezifisches Knowhow, zudem relevante Kenntnis-
se der kulturellen Hintergründe in den involvierten
Ländern zu verfügen. Wen wundert es da eigentlich,
dass eine enorme Nachfrage nach kostengünstigen
Übersetzungsprogrammen, Sprachcomputern plus
Assemblern vorherrscht?

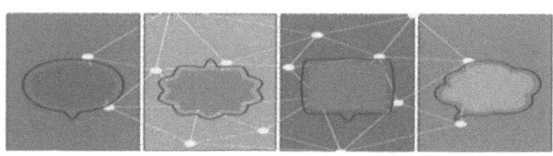

Bitte fragen und beantworten Sie sich selbst folgendes:

Wie viele Alphabete zur schriftlichen Darstellung
unterschiedlicher Sprachen kennen Sie?
In welcher Alphabetschrift schreiben und lesen Sie
am liebsten/häufigsten?
Aus welchen Gründen lesen Sie? Um Ihre Fantasie
anzuregen? Sich zu bilden? Ihren Vokabelschatz zu
bereichern? Andere Sichtweisen kennenzulernen?
Welche Arten von Lektüre bevorzugen Sie?
Mögen Sie E- Books? Oder gefällt Ihnen das Gefühl
beim Umblättern von Seiten aus Papier?
Wundern Sie sich zuweilen, ob in einer digitalen
Welt mit stetiger Kommunikationsassistenz Fremd-
sprachenunterricht überhaupt noch Sinn macht?
Würden Sie permanent automatisiert kommunizieren wollen?

Sprachlern-Apps vermögen den Schulunterricht wunderbar zu ergänzen. Glauben Sie, dass sie diesen überflüssig machen könnten? Oder die den individuellen Bedürfnissen angepasste Begleitung der Anwendungsübenden ersetzen?
Finden Sie, dass maschinell generierte Kommunikation einen «automagischen» Touch besitzt?

Alphabetisierung, die Schulung der Lese- ergänzend Schreibfähigkeit einer alphabetischen Schrift, gilt global als <u>Basisbildung</u>. Ist allerorten Grunderfordernis für die Teilnahme an Sprachkursen für fremdsprachige Lerner. Ohne Kenntnis des Lateinischen Alphabetes ist das vollumfängliche Erlernen, in Form von Sprechen, Hören + Lesen, Schreiben – sowohl der deutschen, als auch der englischen Sprache – gelinde ausgedrückt, sehr erschwert.

Das eigenständige Vortragen, wohlartikulierte Verlesen, die prononcierte Wiedergabe beim zu Gehör bringen. Schlichtweg **verständliches Aussprechen** – die belangvolle **Rechtlautung** – erfolgt auf

Basis des Internationalen Phonetischen Alphabetes (**IPA**). Sich insbesondere stützend auf die darin aufgelisteten phonetischen **Lautschriftzeichen** für alle menschlichen Sprachen, verkörpert die Standardlautung gleichzeitig den Schlüssel zum Hörverstehen.

Orthoepie, auch Orthoepik genannt, wird stets in getreuer Anlehnung an die lautschriftlichen Regeln zur tatsächlichen **Rechtlautung** von gesprochenen Worten – der Aussprache, ebenso Betonung – in der jeweils **genormten** Standard(aus)sprache vermittelt. Orthoepie bedeutet etwa: richtig «lautend» sagen. Während Orthographie die korrekte Schreibweise der verwendeten Sprache/n gebietet.

Bei der mit dem menschlichen Sprechapparat produzierten Sprache sind die Übergänge von einem Wort zum anderen zumeist fließend. Im Gegensatz zur **geschriebenen** Sprache. Dort werden Wortgrenzen mithilfe Leerzeichen, Satzgrenzen anhand von einschlägigen Satzzeichen markiert. Hervorhebungen erfolgen per Fett- alternativ Kursivschrift, Unterstreichung, Farbgebung etc. In der **gesprochenen** auch der Para-Sprache werden diese im Normalfall – unter natürlichen, nicht beeinträchtigenden Konditionen – durch angemessene Pausen, heben alternativ senken der Stimme, Veränderungen des Tonfalls, mittels Verlangsamung, Beschleunigung des Sprechens und vielen weiteren unüberhörbaren, konkret unterscheidbaren Lautnuancen zur Kenntnis gegeben.

Wann wurde Ihnen beigebracht, wie einzelne Phone und Phoneme zu artikulieren sind? Von wem?
Wodurch, auf welche Art lernten Sie Ihre «Sprechorgane» als «Sprachwerkzeuge» einzusetzen?
Wie merkten Sie sich die Vorgehensweise zur Produktion einzelner Sprachlaute?

Er kommt «**also**» auch?
Welche Lautgebung ist hier «deutsch, kurz: dt.»?
Die in a), b) oder c)?
a) [ˈɑːl.soʊ] zuweilen [ˈɔɫˌsoʊ] je nach Region
b) [ˈalzo]
c) [ɔːlˈðəʊ]
Können Sie die vorangehenden Lautschriften a), b) und c) in Schreibschrift übertragen?

Heranwachsende Kleinkinder **erwerben** von Säuglingstagen an, im Rahmen mehrerer Phasen ihrer Sprachentwicklung, ihre höchstpersönlichen basalen Sprachkenntnisse. Sie vermögen, obgleich sie absolute Analphabeten sind, weitaus mehr zu tun, als nur die Zeilen in einer speziellen Buchstaben-

schrift zu lesen. Sie schaffen es – trotz Illiterali-
tät – den Subtext zwischen den Zeilen zu deuten. So
erlangen sie gestützt auf Sinnenwahrnehmungen,
zumeist ohne Bewusstheit, sowohl Allgemein-
wissen, als auch Erziehung. Schrittweise zudem
ihre Sprechfertigkeiten, sowie Sprachsicherheits-
trainings aus dem jeweiligen Umfeld.

Für das **Erwerben** von Sprech- überdies Hörver-
ständniskompetenz, ist es für sie auf dem langen,
gelegentlich steinigen Weg hin zur innersprachli-
chen Mehrsprachigkeit, einstweilen noch nicht
erforderlich alphabetisiert zu sein. Literalität kris-
tallisiert sich zur Notwendigkeit erst dann heraus,
wenn das **Lernen** – im Sinne von exerzieren, pau-
ken, büffeln, trimmen – beginnt. Denn die schulischen Lehr- ebenso Lernmethoden, sind grundle-
gend für die Bildung jedes Einzelnen. Mit anderen
Worten: für dessen umfangreichen Bildungsgrad.

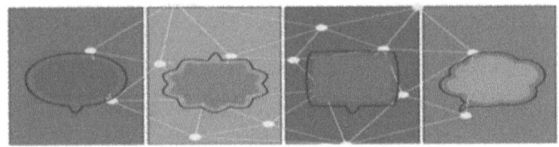

Bitte fragen und beantworten Sie sich selbst folgendes:

Worauf wurde im Rahmen Ihrer schulischen Bildung am meisten Wert gelegt?

Wurden Rechtschreibung und Rechtlautung gleichermaßen intensiv trainiert?

Welches Benehmen, welche Ausdrucksweisen galten in Ihrer Jugendzeit als Substandard?

Spielte Respekt eine wichtige Rolle? Wurde ungesitteter Umgang miteinander sanktioniert?

Machten gute schulische Leistungen Sie, ebenfalls Ihr Umfeld glücklich? Kam es zu Lernbulimie?

Wodurch wurden Sie belohnt für, sowie angespornt zu guten Leistungen?

Welcher Anteil an Ihrer Bildung entfiel auf die Familie? Welcher auf die Schule?

Hatten Sie ein Vorbild, dem Sie nacheiferten?

Was tun Sie, um Ihre Konzentrationsfähigkeit, zudem Aufmerksamkeitsspanne zu erweitern?

Übertragung der Lautschriften auf Seite 128 in Schreibschrift:
Lautgebung **b)** ist DEUTSCH. Super erkannt! Glückwunsch, echt toll!!
a) [ˈɑːl̩soʊ] = BE, [ˈɔl̩ˌsoʊ] = AE «also = auf Deutsch: auch, ebenso etc.»
b) [ˈalzo] **ist dt. Aussprache**, bedeutet auf Englisch: «hence, so, well etc.»
c) [ɔːlˈðəʊ] «although – deutsche Bedeutung: obwohl, wenngleich etc. pp.»

Wenn die Kleinsten – umgangssprachlich ausgedrückt – etwas auf die Palme bringt, sie buchstäblich aus der Haut fahren, hat dies entgegen der Hypothesen mancher Eltern wohl eher wenig mit karmischer Vergeltung zu tun. Sondern vielmehr damit, dass sie sich – klein, aber oho – gänzlich bewusst zu sein scheinen, dass der Wirkungseffekt dessen, **was** in Worte gekleidet wird, lediglich bei etwa zehn Prozent liegt. Wohingegen die restlichen überschlägig rund neunzig Prozent des empfängerspezifischen Gesamtwirkungseffektes allemal darin liegen, **wie** etwas kommuniziert wird.

Da sie noch nicht in der Lage sind, ihre Wünsche, Bedürfnisse, Anliegen, Unmut, Beschwerden in Worte gefasst zu vermelden, bedienen sie sich ausgesprochen kreativ, dazu hochgradig funktional, ihrer eigenen speziellen, bemerkenswert wirkungsvollen Artikulationsstile. Um unverkennbar positiven Empfindungen, desgleichen negativen Gefühlen, Schmerzen, Hunger, Unbehagen u. a. energisch Ausdruck zu verleihen. Richtiggehend bezaubernd, überwältigend, gigantisch ist dies zuweilen. Vereinzelt allerdings enorm betrübend, zermürbend, anstrengend, decouragierend für Sender plus Empfänger. Wenn die reziprok ausgetauschten Signale nicht verstanden, ebendarum eventuell vollkommen verfehlt gedeutet, folglich widersinnig bewältigt werden. Weil die exakte **Sendervorstellung** und die tatsächliche **Empfängerwahrnehmung** meist wahrhaftig zwei komplett unterschiedliche Phänomene sind.

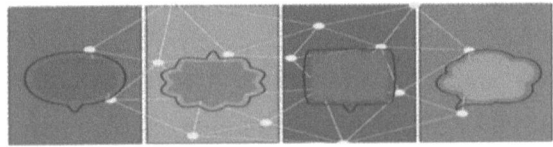

Bitte fragen und beantworten Sie sich selbst folgendes:

Bereitete es Ihnen als Kind Vergnügen zu lesen?
Bekamen Sie Gute-Nacht-Geschichten vorgelesen?
Hatten Sie ein Lieblingsgenre?
Was konnten Sie schon vor Ihrer Einschulung eigenständig lesen, schreiben, berechnen?
Wenn Sie etwas nicht verstanden, lag das an der Sprache, Formulierung oder an der Materie?

Wie lauten nachfolgende Wörter in Ihrer Erstsprache: Bitteschön – die Bitte – bitte – bitten – Dankeschön – der Dank – danke – sich bedanken – danken, falls «DaF»-Anwendungsübende/r?

Mangelnde Schreib- respektive Lesekompetenz bei Erwachsenen, wird weithin mit der Vorstellung von gänzlicher Abwesenheit von Literalität in Verbindung gebracht. Der englische Ausdruck «illiteracy» wird gelegentlich mit «Bildungslosigkeit» ins Deutsche übertragen, «illiterate» mit «ungebildet, unkultiviert, unwissend» aus dem Englischen ins Deutsche übersetzt. Anstatt mit «Lese-/Schreib-unkundigkeit», welcher durchaus nicht zwingend Unbildung, somit fehlendes Wissen, eventuell sogar mangelnde Erziehung, zugrunde liegen müssen.

Defizite in sprachlichen Leistungen, besonders das gänzliche Unvermögen die grafischen Zeichen irgendeines der zahlreichen Alphabete lesen alternativ schreiben zu können, werden nicht selten abwertend mit verstandesbedingten, zudem bildungsmäßigen Unzulänglichkeiten assoziiert. Schließlich sind **Sprachwissen** ebenso **Sprachkönnen** im Gesprochenen, desgleichen Geschriebenen, daneben auch rechnen – somit Literalität – wie landläufig angenommen, die Grundmauern für Bildung, infolgedessen nicht minder für Tradition, gleichfalls Kultur.

Wer der elementaren Sprachkunst der Natur Beachtung schenkt, kann vielerlei erfahren. Im wahrsten Sinne des Wortes, aus den Sedimentschichten regelrecht ablesen. Interessante Fakten über vergangene Zeiten, in Bezug auf Leben, Klima, Fauna, Flora, frühere indigene Bewohner. All dies wegen ihrer Hinterlassenschaften in den jeweiligen Regionen. Nachfolgende Aufnahme entstand entlang des Colorado Rivers im Südwesten Nordamerikas.

Kommuniziert ein Techniker oder IT-Experte im Rahmen einer erforderlichen Behebung von Funktionsstörungen mit defekten, auch inkompatiblen Gerätschaften, dann behilft er sich dabei einer anderen Sprache, als es zum Zwecke der Problemklärung bei der zwischenmenschlichen Verständigung mit seiner Kundschaft der Fall ist.

Achtet man auf seine Haustiere, so verrät deren individuelle Tiersprache allerhand über ihr Befinden, genauso ihre Stimmung. Sei es durch Schwanzwedeln, jaulen, gackern, zwitschern, schnurren, knurren, brummeln, meckern etc. Die Laut- ebenso Körpersprachen der einzelnen Tierarten sind grundverschieden. Hund wedelt, untermauert von Klamauk bei entsprechender Mimik, mit der Rute, wenn er sich freut. Katze tut dies nicht. Bei ihr ist wohl eher Vorsicht geboten, sollte sie ihren Schwanz schwingen. Katze ist zufrieden, wenn sie gurrend schnurrt. Knurren einhergehend mit Zähnefletschen beim Hund dagegen, ist unverkennbar ein Warnzeichen. Haustiere sind für viele Menschen ideale «Gesprächspartner». Man kann ihnen alles anvertrauen. Widerworte gibt es nicht. Sie nehmen Anteil, scheinen die angesonnenen Gegenbemerkungen parat zu haben und plaudern nichts weiter. Vielmehr verstehen sie es ein ihnen enthülltes Geheimnis zu wahren.

Ausgedrückt in der Sprache der Mathematik, sind die abstrakten Zahlzeichen im arabischen System: **0, 1, 2, 3, 4, 5, 6, 7, 8, 9**. In der Schreibweise gemäß der römischen Konvention sehen die Schriftzeichen für Ziffern, wie folgt aus: **I** (1), **II** (2), **III** (3), **IV** (4), **V** (5), **VI** (6), **VII** (7), **VIII** (8), **IX** (9), **X** (10), **L** (50), **C** (100), **D** (500), **M** (1000). Auch die gebräuchlichen, international verständlichen Symbole, in mathematischer Notation, auszugsweise: «**+ - ÷ ≠ ~ ∞ · ≤ ≥ √ = ⅖ %**» dienen zuhauf dazu, dass Menschen mit ungleichen Herkunftssprachen weltweit in die Lage versetzt werden, universal verständlich, mathematisch gleichartig wissenschaftlich – im Rahmen dieser Zeichenerfassung, kraft Beachtung des Systemgebrauchs – ergebnisreich miteinander zu kommunizieren.

Darüber hinaus sowohl gegenwärtige Geschehnissachverhalte, vergangene Vorkommnisse, zukünftige Ereignisse als auch unzählige andere Reihungen, Strömungen, Aufeinanderfolgen, Tendenzen, Prozesse, Fakten, Daten, Muster, Eigenschaften, Strukturen, reale Verläufe, irreale Hergänge durch Experimente, mit Logik zu erschließen, errechnen, messen, belegen u. v. m.

All dies des Weiteren durch menschliche Sprache/n oral zu thematisieren, begründen, debattieren korrespondierend schriftlich aufzuzeichnen. Die Ergebnisse, hinzukommend Schlussfolgerungen – wie unberechenbar das Leben selbst letztendlich sein kann – miteinander auszutauschen, nebstdem vereint unumwunden zu analysieren, evaluieren und erörtern. Denn Erkenntnisvermögen, Erweiterung der Gelehrtheit, Perspektiven, ebenso des Horizontes sind grundsätzlich von normativer Signifikanz.

Allerdings ist solches nur dann möglich, wenn allesamt der <u>nötigen</u>, unendlich massenhaft anmutenden, <u>Zeichen</u> für ausnahmslos jede/n Beteiligte/n absolut **identische Bedeutung** haben. Wäre dem nicht so, würde dies in ungünstigen Fällen bei der sachbezogenen Kommunikation vermutlich irreversible Störungen, Verunsicherungen, Missverständnisse, Konflikte in Gang setzen – nicht komplett auszuschließen – sogar Chaos heraufbeschwören.

Für «DaF – Deutsch als Fremdsprache» und «EaF – Englisch als Fremdsprache» Anwender von Belang: Zwischen metrischem und imperialem System bestehen hochbrisante Unterschiede. Sei es bei Temperaturen, Gewichtsangaben, Geschwindigkeiten, Längenmaßen u. v. m. Auch die Handschrift für die Ziffern **1** und **7** ist nicht überall identisch. Ungebräuchlich geschrieben kann dies, beispielhaft bei maschinellen Postsortierungen problematisch sein.

Fakt ist, wohin man sich auch drehen alternativ wenden mag, alles läuft auf Kommunikation hinaus. Damit diese sich ohne Komplikationen abspielen kann, kommt es längst nicht einzig auf Gescheitheit, gesunden Menschenverstand, planmäßiges Vorgehen, Wissensteilung etc. an. Das allentscheidende Zünglein an der Waage ist die sprachübergreifende Bravourleistung, die fallabhängig jeweils angesagte **Systemverwendung** aus dem Augenblick heraus souverän vollführen zu können. Ihr also nicht nur theoretisch mächtig zu sein. Fernerhin die situationsbedingt federführenden, recht gehaltvollen [Fremd]Sprachkenntnisse simultan zuwege zu bringen. Weiterhin, um das Multitasking perfekt zu machen, im Stande zu sein, diese eigenständig, am Ort des Geschehens, dem Anlass entsprechend, perfekt in die Praxis umzusetzen.

Prinzipiell sollte stets unterschieden werden zwischen selbstbestimmter Spontanübertragung von Begrifflichkeiten aus einer menschlichen Lautsprache in eine andere. Etwa an der Bedientheke einer Bäckerei, bei einer Hotelzimmerbuchung oder simplen Strukturen, wie JA- alternativ NEIN-Fragen einerseits. Und dem Erlernen von Fremdsprachen mit dem Ziel des Beherrschens der Anwendung einer Zweit-, Dritt-, Viertsprache ohne Hilfsmittel zur Verdolmetschung andererseits.

In der Praxis ist es eine Meisterleistung ein eigenes kreatives «Mosaik» aus den angelernten Fragmenten der jeweiligen Einzelsprachfacetten freiheraus zu modellieren. Auch wenn die Regeln überschaubar sind. Das verwendete Vokabularium darüber hinaus relativ begrenzt ist. Insgesamt ergibt sich daraus dennoch eine nahezu unerschöpfliche Fülle an transformierbaren Möglichkeiten. Bis zum Rand gefüllt mit tückischen Fallgruben. Hürden, zudem Bürden entstehend aus unwillkürlichen, <u>muttersprachlichen</u> **Denkmustern** und **Anwendungsroutinen**.

Neben den zutage liegenden «Achillesfersen» kommen Gesprächsparteien kontinuierlich nicht zurecht mit der Nutzung von Kardinal- und Ordinalzahlen. Erkennbar, wenn Dinge zu Gehör kommen, wie: «der Einste, der Dreite, der Siebenzehnste, einsundvierzig etc.». Besonders bei Produktpreisen, Vergütungen u. ä. können Rückfragen lohnenswert sein. Der Unterschied zwischen «dreizehn – thirteen» und «dreißig – thirty» € pro Stunde würde am Monatsende kolossal zu Buche schlagen.

Auch ein Sonderangebotspreis von «neunzehn – nineteen» anstatt «neunzig – ninety» $ dürfte lukrativ sein. Verwechslungen jedoch teuer zu stehen kommen.

Betreffs Altersschätzungen ist allerhöchste Vorsicht geboten. So manche junge Dame könnte verübeln, würde sie als «achtzig – eighty» und nicht «achtzehn – eighteen» Jährige ästimiert werden. Umgekehrt könnte eine ältere Dame sich geschmeichelt fühlen oder aber den Gesprächspartner nicht als charmanten Kavalier, sondern als süßholzraspelnden Hallodri abtun. Erkennen Sie die Drehtüren, die sich begründet durch unpräzisen Spracheinsatz auftun? Für <u>Sender</u>, <u>Empfänger</u> und deren <u>Feedback</u>!

Bei Datums- und Zeitangaben tragen sich häufig ebenfalls nach allen möglichen Richtungen gehende Frevel in beiden Sprachen zu. Vereinzelt scheinen mehr schlecht als recht anstellige «kleine Critter» zu glauben «a. m.» stünde für «after morning». Damit entschuldigen sie sogleich ihr verspätetes Erscheinen zu, ansonsten Fernbleiben von privaten Verabredungen oder geschäftlichen Veranstaltungen. Ein Verhalten gänzlich unverträglich mit der für typisch «deutsch» gehaltenen Doktrin: „Fünf Minuten vor der Zeit ist des «Kaisers» Pünktlichkeit".

Zwar haben nicht überall auf Erden Verspätungen gleicherlei Bedeutung. Jedenfalls werden sie in **monochronen** Gesellschaften, dazu gehören unter anderem Nordeuropa, Japan, die USA, Kanada, sehr negativ und besonders unerwünscht empfunden, da dort Pünktlichkeit, einhergehend mit Zuverlässigkeit generell eine große Rolle spielen. Im Nahen Osten, Mittelmeerraum, Zentral- und Südamerika gibt es zahlreiche **polychrone** Kulturen, in welchen Verspätungen als bedeutungslos, ja geradezu üblich erachtet werden. Kulturclashes beziehungsweise Unverständnis für einander, können extraverbal zu Einbußen im Bereich der <u>Rahmenbedingungen</u>, noch dazu auf der <u>Beziehungsebene</u> führen.

Wenn ich komme. – **When** I come. – **If** I come. Erkennen Sie den einleuchtenden Unterschied zwischen dem, was mit absoluter Sicherheit geschehen wird – **when** – obwohl der genaue Zeitpunkt des Kommens «wann» möglicherweise noch ungewiss ist? Und dem, was eventuell, unter gewissen Bedingungen bzw. hypothetischen Umständen – **if** – theoretisch eintreten könnte «falls»?

Was wäre das Leben ohne «kleine Critter»? Wäre es nicht, als fehlte das Salz in der Suppe? Wie fade wäre der Alltag, gäbe es sie nicht? Zudem die Dinge, die man durch sie, wie auch Dank ihnen erleben darf! Gar manches Mal wäre des einen oder anderen Blutdruck womöglich nicht auf Touren gekommen, hätte sich nicht im kommunikativen Bereich ein «Kriechtier» eingeschlichen.

Wozu also Fabelwesen, Krimi, Drama oder Comedy? Was das tägliche Leben in Punkto «kleine Critter» bietet, ist häufig durchaus filmreif. Hinzu kommt, alles ist real. Es gibt weder superteure Schauspielstars, noch Hightech-Kulissen. Man kann es **mit allen Sinnen** in sich aufnehmen. Ist in der Lage es zu sehen, hören, miterleben. Obendrein «schmeckt» allerlei nach mehr, so einiges dagegen in keinster Weise. Man wird sich der konkreten Unterschiede zwischen Individuen bewusst, welche einerseits herrühren – mehr durch Gepräge als durch Entscheidung – von soziokulturellen Differenzkategorien, wie: Milieu, Ethnizität, Alter und vielem anderem mehr. Kontraste, die andererseits basieren auf evidenten Bildungsungleichheiten, multiplen lern- zudem leistungsabhängigen Unterschiedlichkeiten, etwa bei sprachbezogen Hoch- und Minderbegabten. Würden Sie gerne Ihr herausragendstes Kommunikationserlebnis teilen?

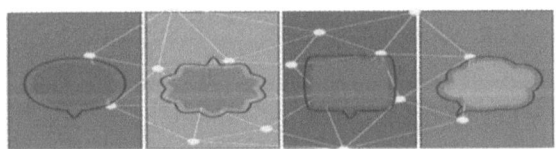

Bitte fragen und beantworten Sie sich selbst folgendes:

Wurden Sie als junger Mensch behandelt gemäß dem altbekannten Slogan: «Was das Hänschen nicht lernt, lernt der Hans nimmermehr – A tree must be bent while it is young» (?)

Wann und von wem wurde Ihnen beigebracht Ihre Kommunikation zu strukturieren?

Wer gewöhnte Ihnen an, das abstrakt Erlernte konstruktiv als Sprachkönnen einzusetzen?

Spiel(t)en «Knigge» Regeln eine Rolle für Ihr Gesprächsgebaren?

Versuchen Sie Unterredungen zu steuern, indem Sie durch Verwendung von «**wir**» ein Gefühl der Verbundenheit und Gruppendynamik erzeugen?

Wie bewältigen Sie Gesprächsparteien, die bei positiven Resultaten in der «**ich**» Form sprechen, eigene Leistungen stets in den Vordergrund rücken?

Welche Resonanz stellt sich bei Ihnen ein gegenüber Personen, welche Fehlschläge und Misserfolge stets anderen zuschreiben?

Machten Sie schon einmal jemanden darauf aufmerksam, dass wenn man mit dem Finger auf andere deutet, dabei stets drei Finger auf einem selbst zurückzeigen?

Haben Sie spezielle «getting to yes» Methoden, um ein NEIN in ein JA umgewandelt zu bekommen?

Welche Vorgehensweise/n wenden Sie dazu Ihrem Umfeld gegenüber an?

Wie reagieren Sie darauf mit Ultimaten konfrontiert zu werden? «Falls dies (nicht), dann jenes (nicht)»? Erwidern Sie den Sendern: „Weder..., noch…!" (?)

Beide, der hierin adressierten komplexen natürlichen Lautsprachensysteme sind Instrumente, welche in allen Lebensbereichen die kollektive Basis zur zwischenmenschlichen Verständigung bilden. Sie gliedern sich für die jeweiligen Verwender auf – sei es in der Position als Sender und/oder als Empfänger – egal ob in der Funktion des Sprechers, Hörers, Schreibers, Lesers – **in** – geziemend Anwendungsfall plus Handlungsperspektive – unterschiedliche **Teilsprachen** mit entsprechendem <u>Wortschatz</u> als Ausdrucksmittel, beispielsweise in der Forschung, Wirtschaft, Politik, Gastronomie, bei Ingenieuren, Juristen, unter Freunden, Kollegen, beim Sport u. a.

Die Register der Sprachebenen, darüber hinaus die Diversität der Sprachvarietäten, erstrecken sich über die unbedingt erforderliche **innersprachliche Mehrsprachigkeit**, um ohne Makel damit jonglieren zu können. Gleichsam einem nebenläufigen Mehrprozessbetrieb fungieren diese spezifischen Ausprägungen innerhalb ausnahmslos jeder Einzelsprache quasi als verbalisierte Spiegelteleskope. Dienen versierten Sprachverwendern in Form von Soziolekten für sozial definierte Gruppen, bis hin zu örtlich begrenzten Dialekten etc. pp. gewissermaßen als individuelle Reflektoren der Mannigfaltigkeit, wie auch der Verschiedenheit menschlichen Denkens, Erfassens, Bewusstseins, Blickwinkels, subjektiver Wahrnehmungen, kognitiver Fähigkeiten und sehr vielem anderem mehr.

Seite an Seite vervollkommnen die Gabe, hinzu das Geschick, mit Verständigungssituationen genauso mühelos, wie gekonnt umgehen zu können, den transparenten Vorgang inmitten von Gedankenaustauschen, desgleichen bidirektionalen Informationsmitteilungen – einerlei ob in geschriebener oder gesprochener Form – passgenau von beliebigen Einzelsprachen, den dazugehörigen Teilsprachen d.h. Techno-, Regio-, Gender-, Soziolekten usw. in andere Sprachfacetten und Stile überzuwechseln. Dieser **Transfer** im Bereich des Wechselverfahrens der Matrixsprache innerhalb von Kommunikationssituationen erfolgt völlig frei von Interferenz. Matrixänderung ist nicht zu verwechseln mit Sprachvermischung, also Code-Mixing etwa bei der unsachgemäßen Vermengung mit «falschen Freunden» und/oder «Lehnwörtern». Ein Themenwechsel wird von Könnern damit ebenfalls nicht forciert.

Diese Transferart wird weithin als **Code-Switching** optional **Kode-Umschaltung** bezeichnet. Es handelt sich bei solcherlei formvollendeten, bewussten, zudem gewollten Sprach-, Kode-Wechselverfahren, innerhalb von intellektuellen Peergruppen, geübten Insiderkreisen oder Gesellschaftssystemen, um global weit verbreitete Vorgehensweisen, welche primär dazu dienen, sich wechselseitig wirkend, den jeweils gegenständlichen Gesprächskontexten unter eingeweihten Personen, mit uneingeschränktem Kennerwissen, vollkommen unanstößig, kultiviert, inter- plus intra-satzweise nahtlos anzupassen. Eine wahrhaft vortreffliche Methodik, um beim Themengebiet zu verbleiben, Fragebeantwortungen nicht auszuweichen etc. Äußerst ausgeklügelt, dazu eineindeutig auf den Punkt ist dieses spezielle Sprachenwechsel- bzw. Kode-Umschaltverfahren seitens eingeübter Gruppen. Allerdings ein Horrorszenarium für viele «Frischlinge», welche auf «alte Hasen» treffen, die mit «allen Wassern gewaschen» sind. Da Debütanten im Bereich des Zwei-Wege-[Fremd]Sprachgebrauchs zuhauf ad libitum vermischen. Wie empfinden Sie die nachfolgenden Belege arbiträren **Code-Mixings** bei der Sprachproduktion?

Willkürliche Vermengungen führen oft zu bizarren Ausdrucksweisen. Die zuweilen einen geradezu kontaminierenden Effekt haben, wie: "I **become** a coffee." Oder: "He **became** a farewell present." Das englische Verb «to become» kann sehr vieles bedeuten, zumeist «werden» – <u>nicht</u> «bekommen». Letzteres würde im Englischen je nach Kontext etwa «to get, to receive, to obtain etc.» entsprechen.

146

Was sich zahllose deutschdenkende Englisch als Fremdsprache Anwendende auch nicht korrekt eingeprägt zu haben scheinen, ist die angebrachte Vorgehensweise bei sprachübergreifenden Bekundungen von **Sympathie**. Nettigkeiten, wie: „Ich finde euch sehr sympathisch". Der falsche Freund «sympatic» ist veraltet. Sein Nachfolger, das englische Adjektiv «sympathetic» käme <u>mitfühlend</u>, <u>teilnahmsvoll</u> etc. gleich. Haben Sie sich eine «Eselsbrücke» dafür geschaffen «**liking**» auszudrücken? Wie gehen Sie vor, um jemanden wissen zu lassen, dass Sie Person Z «sympathisch» finden?

Anlässlich Verkennung von «**Hochschule** – university, college» versus «**high school** – Oberstufe im Gesamtschulsystem» kann es zu irreführenden Verwendungsfehlern kommen, die – so skurril sie auch anmuten mögen – meistenteils nichts mit Hochstapelei zu tun haben.

Auch das «Okay-Zeichen» – der mit Daumen und Zeigefinger geformte Kreis – ist doppeldeutig. In Deutschland, analog Nordamerika veranschaulicht diese wohlgefällige Geste im kulinarischen Bereich «lecker, superb u. ä.». Wohingegen sie beispielsweise in Griechenland, Spanien, sowie anderen Ländern einer Beleidigung gleichkommt. Aufgrund deren Verwendung man sich ungewollt äußerst unbeliebt machen könnte. Auch wenn es gelegentlich besser sein mag, nicht jedes Faktum bis ins Detail zu kennen. Eigenmächtige Kulturkreuzung gleichso wahlloses Sprachmixing – egal, wie lieb gemeint – in Unkenntnis gewisser Etikette-Regeln, kann sich als unaussprechlich beschämender Schuss nach hinten entpuppen, selbst im nonverbalen Bereich.

Abbildung 14 - Status quo: Unwissenheit ist KEIN Segen! – Ignorance is NOT bliss! – Was zählt ist: Passender Einsatz der Ressourcen!

Wie würden Sie folgende drei Wörter artikulieren?

[ˈaʊɚ]

[ˈaʊɹ]

[ˈhaʊɐ̯]

Welches ist: «our» «hour»? Was ist ein «Hauer»?

Viele «DaF – Deutsch als Fremdsprache» Verwendungsübende würden es als deutlich praktischer befinden in Direktkontaktsituationen einfach alle zu „siezen". Sie sind der Ansicht, dass man sich viele

Stunden Zeitaufwand für das Einstudieren von Konjugation bzw. Flexion, wie etwa «helfen – du hilfst, halfst»; «nehmen – du nimmst, nahmst»; «wissen – du weißt, wusstest» ersparen könnte, würde man sich auf die infinite Verbform beschränken. Man dürfte wohl kaum in Schwierigkeiten geraten, sollte man durch die Bank hinweg alle höflichst «siezen», anstatt die Falschen zu «duzen». Smart, oder?

Würden Sie bitte in Ihrer Fantasie einer anglophonen Person die Bedeutung erklären von:

a) duzen

b) siezen

c) Hamburger Sie

Wie ist das in Ihrer Erstsprache, falls DaF?

Wer wird informell geduzt?

Wer wird formell gesiezt?

Wer bietet das informelle **Du** an?

Was sind die Reaktionen auf Verletzungen der konventionellen Sitten in diesen Bereichen?

Viele Regeln existieren schon seit vorchristlichen Zeiten, sind somit nichts Neues. Haben sich die diesbezüglichen Gepflogenheiten in Ihrem Heimatland im 21. Jahrhundert geändert?

Auch andere Traditionen und Riten?

Hey du was läuft, Alter! Was isch los? «**Gives it**» a

Problem? Neumoderne, überdenkenswerte Sprach-anwendung. «**Es gibt ≠ it gives**» das ist eine Klippe. Eine stimmungsschaffende Marotte mit Bruchlan-dungsrisiko, je nachdem, wer derart angesprochen wird. Stimmiges Englisch müsste lauten: **Is there** a problem? «**There is – There are**» stehen abhängig von Einzahl/Mehrzahl des Kontexts für «**es gibt**».

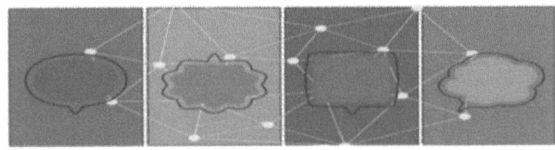

Bitte fragen und beantworten Sie sich selbst folgendes:

Ist Ihnen bekannt, in welchen Kulturen «Hände-schütteln – shaking hands» tabu ist? Weshalb es **wo** mit der <u>rechten</u> Hand ein «absolutes No-Go» ist?

Mit welchen Sprachvarietäten kamen Sie **wann** in Ihrem Leben in Berührung?

In welchen Sprachen ggf. Teilsprachen wurde bei Ihnen zu Hause gesprochen?

Mit den Klassenkameraden? Während des Unter-richts? Bei Freizeitaktivitäten?

Wurden Sie in die Erwachsenengespräche mit ein-gebunden? Ab welchem Alter?

Hörte man sich Ihre Belange an? Auch das, was Sie als junger Mensch beizutragen hatten?

Fand ergiebige Zwiesprache zwischen den Genera-tionen statt?

Schenkte man sich gegenseitig Aufmerksamkeit, Zeit plus Zuwendung?
Zog man Nutzen von einander durch Austausch von Erfahrungswissen?

Kleinkindersprache, auch bekannt unter den Begriffen Baby-, Ammensprache, Mutterisch, gelegentlich Elterisch, scheint es in nahezu allen Zivilisationen, außerdem jedem komplexen Kommunikationssystem zu geben. Sie dürfte genetisch verankert sein. Der Sprachgebrauch gegenüber den jüngsten Gesellschaftsmitgliedern ähnelt in vielen Kulturen weltweit einem «Gesinge». Einhergehend mit entsprechender Mimik, dazu Gestik. Seitdem allerdings von den Bezugspersonen verinnerlicht wurde, dass die Kleinsten mehr verstehen, als vermutet, weil die kleinen Wesen im Alter bis drei Jahre nicht hauptsächlich nur körperlich wachsen, wurde dazu übergegangen recht zeitig mit der Früherziehung zu beginnen. Intelligenz, so erkannte man, ist nicht einzig erblich bedingt, sondern kann gefördert werden durch geeignete Beschäftigung des Denkapparates, Training zur Entwicklung geistiger Leistungs- hinzukommend Steigerung der Konzentrationsfähigkeit. Gänzlich nach dem Dogma: «Zu jung etwas zu kennen respektive wissen, bedeutet nicht zu jung etwas kennenzulernen». Zu den kulturübergreifenden, stereotypischen Baby-Talk-Äußerungen gehören «Mama» und «Dada».

Bei der **Kindersprache** werden Worte oft in übertriebener Tonfrequenz und Klangfarbe, im Allgemeinen sehr deutlich, sowie überaus langsam geäußert. Die Satzstrukturen sind in der Regel kurz, die verwendete Grammatik ist einfach. Der zum Einsatz kommende Wortvorrat begrenzt. Formaler Unterricht findet nicht statt. Aus der Kleinkindersprache parate Ausdrücke, wie etwa: «Nein – NO – kein; nicht – NOT» kommen am Rande vielfach zur Anwendung gegenüber allen, die sich im [Sprach]-Training, in der Erfassungsphase befinden. Auch vis-à-vis Ausländern, geistig Behinderten, zudem bei alten, gebrechlichen Menschen. Darüber hinaus nicht selten aus Anlass von Kontakten mit Haustieren, anderen putzigen kleineren Vierbeinern, insbesondere niedlichen Tierbabys.

Kommunikation, im Sinne von wechselseitigem Wortaustausch, steht bei mancherlei Interaktionen häufig nicht im Vordergrund.

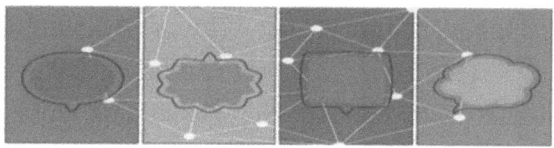

Bitte fragen und beantworten Sie sich selbst folgendes:

Wie weit zurück in Ihre frühkindlichen Sprachentwicklungsphasen reicht Ihr Erinnerungsvermögen? Nannte man einen Hund einen «Wauwau» oder beim korrekten Speziesnamen?

Bis zu welchem Alter wurde mit Ihnen in Kleinkinder- bzw. Kindersprache gesprochen?

Hatten Sie bei manchen Worten Schwierigkeiten, etwa «Paschgetti», anstelle von «Spaghetti»?

Welche Rückwirkungen stellten sich dazu aus dem direkten Umfeld ein?

Gab es Bemerkungen, wie: „Das hat das Kind von dir." (?) Oder „Von mir hat er/sie das nicht." (?)

In welcher Art handhab(t)en Sie evtl. sprachliche Frühförderung eigenen Kindern gegenüber?

Artikulation und Bedeutung der Lautschriften auf S. 148:
[ˈaʊɚ] = our – unser; auch [aʊə] [aʊr] [aʊər] je nach Region
[ˈaʊɹ] = hour – Stunde; auch [aʊə(ɹ)] je nach Region
[ˈhaʊɡ] = Hauer – Beruf im Bergbau? Eckzahn des Keilers?

153

Frauensprache und Männersprache – **Genderlekte**, unterscheiden sich in der Körpersprache, ansonsten durch geschlechtsspezifische Kommunikationsstile unverkennbar. Findige ♀ Attribute sind spezielle Wortfügungen, um gezielt positive Antworten zu erhalten, tendenziell weniger Kraftausdrücke, mehr Konjunktivverwendung etc. Dabei unkodiert das System der Zweigeschlechtlichkeit nahebringend.

Verlebendigt wird ins Blickfeld gerückt, dass «wenn zwei das **Gleiche** sagen, es noch lange nicht das **Selbe** ist». Denn ob ein Flirteffekt erzeugt werden soll, Komplimente, Kritik, Zurückweisung durch die «Blume» verabreicht werden, hängt nicht von der Sprache ab, sondern von der sie gebrauchenden Person. Wie ist es bei Ihnen, wenn Sie «Klebenägel» hören? Was stellen Sie sich darunter vor? «Nägel aus dem Bereich der Technik» zum Aufhängen von z. B. Memorabilien oder solche «aus dem Bereich der Anatomie», um Fingernägel zu verschönern?

Einerlei ob «ladylike» Floskeln, «gentlemanlike» Phrasen, sie verkörpern individuelle Strategien für rundläufige Kommunikation durch als zielführend empfundene Systemnutzungsmethoden. Allerdings oftmalig übersehend, dass formelhafte Direktheit nicht Aufrichtigkeit bedeutet, sondern weithin als banal, schal, ungelegen aufgefasst wird. Ingleichen die aushilfsweise eingesetzten Refrainfragen, auch das «Betteln» um Anerkennung oder Bestätigung.

Besonders bei «interracial relations», gemeint sind Beziehungen zwischen Menschen unterschiedlicher Ethnien, werden je nach Mindset – zum Vorangehenden noch hinzukommend – allerhand Höflichkeitsbekundungen als «conversation killer» erfasst. Wen berührt schon wirklich, wie es dem Gegenüber geht? Erwarten Sie tatsächlich eine unverstellte Antwort, wenn Sie fragen: „Hallo, wie geht's – Hello, how are you?" Wie würden Sie auf «"Ich bin = I am" gut» reagieren? Hätten Sie Zeit/Interesse, sich eine wortreiche Erwiderung anzuhören, die über «**Mir geht es** prima/so lala. ….» hinausgeht?

Auch merkwürdig kapriziöse Suggestivfragen «question tags» in Form von Nachziehfragen erfüllen den gewünschten Zweck gerne mal nicht. Absonderlich klingende Frageanhängsel, wie etwa: „Gell? – Weisch? – Nct?   Stimmt's? – Hä? – Nä?" werden verschiedentlich als extrem obstruktiv empfunden. Frageanhängsel, um primär im Gesprochenen Beipflichtung, Bejahung, Bestätigung einzuholen, wirken häufig um kein Haar stimulierend, sondern erweisen sich unentwegt als Bumerang, der den Empfängern in der wahrsten Bedeutung des

Wortes die Sprache verschlägt.

Generell kommt das «Fischen» nach Komplimenten als verpönt an. „Meine Güte, ich sehe heute sooo .... aus! – My goodness, I'm looking sooo .... today!" Soll der Empfänger wirklich wahrheitsgemäß hierauf entgegnen? Nach einer Ausflucht greifen? Womöglich beipflichten? Ist dies eine Einladung die Unwahrheit zu sprechen, um des lieben Friedens willen? Welch ein Feedback erwartet ein solcher Sender? Wie wird er reagieren, falls die Rückäußerung nicht den Wunschvorstellungen entspricht?

Großer Unmut, gleicherweise tiefe Kränkung, führen jäh zu Überreaktionen. Im Zuge dessen wird abrupt einiges hochgespielt, absurd aufgebauscht zudem dramatisiert, wie exemplarisch, sobald man nicht damit einverstanden ist, wie man angesprochen wird und man sich hiergegen sträubt. Sich infolgedessen Fragen auf der **Beziehungsebene** auftun, wie: „Was ist das denn für eine/r?" oder „Wie redet der/die eigentlich mit mir?" gegebenenfalls „Warum duzt der mich?" andernfalls „Hält der mich für blöd? alt. Who does he think he is?" etc.

Die [fremd]sprachliche Verständigung misslingt erkennbar hier jedenfalls, nicht aufgrund linguistischer, biologischer, sondern psychischer Ursachen.

Manche Individuen machen sich in derartigen Situationen klein, andere plustern sich auf, machen sich groß. Wieder andere sagen nie offen und ehrlich ihre Meinung. Dies allerdings nicht, weil sie die Sprache nicht beherrschen, sondern weil sie sich nicht trauen zu sagen, was sie empfinden. Welcher Auffassung sie sind. Nicht wenige äußern schluss-endlich allenfalls das, von dem sie denken, dass der Kommunikationspartner es hören will.

Sich zu erlauben auch einmal „Nein – No" zu sagen, bedeutet oftmals den Mut zu haben sich durchzu-setzen. Beispielsweise sich Ich-stark, somit selbst-sicher nicht zum Abonnement, Leasing oder Kauf von Dingen hinreißen, überreden, schlimmstenfalls drängen zu lassen, die man partout nicht benötigt. Sich auch nicht dazu verleiten lässt, Gefälligkeiten zu erweisen, durch die man Gefahr liefe, sich selbst in Bedrängnis zu bringen.

Jeder Mensch ist ein Unikat. Kein Tag gleicht exakt dem anderen. Das Leben steckt voll verblüffender Ereignisse, alles Mögliche ist unabsehbar. Dement-sprechend werden reflexhafte, unter Umständen unbesonnene, irrationale Kommunikationsbeiträge, zudem entsprechende Reaktionen darauf gemeinhin unverbürgt sein, sowohl beim Sender einer Nach-richt als auch beim Empfänger der Nachricht. Ganz egal wie rede- und/oder wortgewandt eine spezielle Einzelperson ist – ungeachtet ob männlichen oder weiblichen biologischen Geschlechts. Wie fundiert deren Sprach- zuweilen auch Fachkenntnisse sind beziehungsweise wie oft gewisse Situationen geübt, geprobt, ausgiebig gedrillt wurden. Im Ernstfall unter dem Einfluss von Emotionen, wenn außerplanmäßig Hormone, beispielshalber Adrenalin oder andere Drüsenabsonderungen ausgeschüttet werden, läuft bei lebenden, fühlenden, atmenden, menschlichen Individuen vieles nicht nach einstudiertem Programmplan.

Die kleinsten der Kleinen, die künftigen Männeralternativ Frauen-, sprich Menschensprachenutzer, arrangieren sich großenteils nachahmenswert beim Spielen, Basteln, Tollen mit ihren anderssprachigen Kameraden. „Ich bringe dir meine Sprache bei. Du lehrst mich deine Sprache." «Fair Trade» ohne Wenn und Aber. Sie, die jüngsten Tester der kommunikativen Funktion von Sprache reden und lachen **mit** <u>nicht</u> **über** einander. Klingen nicht als dächten sie allgegenwärtig ihre Meinungen kundtun zu müssen. Unterbewusst scheinen sie mehrheitlich zu erkennen, dass ihr Idiolekt, der Gesprächsführungsstil, den sie sich nach und nach zur Gewohnheit machen, Teil ihrer Identität werden, ihre Persönlichkeit definieren und offenbaren wird.

Als **Jugendsprache** wird die für junge Menschen typische Ausdrucksweise, Darstellungsform, zudem altersabhängige Sprachverwendung bezeichnet. Früher war oft der klischeehafte Spruch zu vernehmen: «Ain't – ain't a word because it ain't in the dictionary». Die griffbereiten Sprachformvarianten mancherlei Heranwachsender erinnern ein wenig an das vorstehend zitierte englische Statement. Sie beinhalten nämlich gehäuft Neologismen. Das sind sprachliche Neuprägungen, die [noch] nicht in den Nachschlagewerken zur einheitlichen Standardsprache zu finden sind. Frisch kreierte, brandaktuelle Ausdrücke, spontan kombinierbar mit Schlagwörtern, Unwörtern, Modewörtern, die im Allgemeinen nur zeitweilig als angebracht befunden werden. Danach jedoch wieder aus dem Gebrauchswortschatz verschwinden.

Anhand der individuellen Äußerungseigentümlichkeiten können Rückschlüsse gezogen werden auf das jeweilige Anwenderalter. Denn die hervorstechenden repräsentativen Sprachgebrauchstile der in den 1980er, 90er beziehungsweise 2000er Jahren Geborenen – eine unter den 00ern anscheinend mondial zu beobachtende «fast fashion» Tendenz – weisen enorme Unterschiede auf. Nicht nur bei informellen **monologischen** Text-, Sprachnachrichten, SMS, E-Mails, sondern auch in Bezug auf kontemporäre Peergroup-, Szene-, Clique-typische Redensarten, um Sinneswahrnehmungen, ebenso Gemütsregungen u. v. m. **dialogisch** kundzugeben.

Sowohl geschriebene, als auch gesprochene Worte projizieren gewissermaßen Bilder in das menschliche Gehirn. Stimulieren Denken zudem Fantasie des Empfängers. Vor dem geistigen Auge beginnt buchstäblich eine Abfolge abzulaufen. Lauscht man zum Exempel einem Erlebnisbericht oder liest man ein Buch, macht man sich dabei für gewöhnlich unterschwellig gewisse Vorstellungen von den Örtlichkeiten, Schlüsselpersonen, Farben, Formen plus anderen kleinen, feinen Merkmalen.

Berichtet beispielshalber ein deutscher einem schweizer Schüler, er habe eine «Eins» im Fach Englisch bekommen, dann erntet er vorstellbar vieles, jedoch keine Lobesworte. Weil in der Schweiz Bestleistungen mit der Maximalnote «Sechs» honoriert werden. Viele Länder benutzen keine Schulnotenskala «1 bis 6», wie sie in Deutschland für leistungsbewertende Zensuren Usus ist. Jedem sind schon einmal Dinge passiert, die er/sie so nicht erwartet hätte. Ihnen nicht?

Schaut man sich Kochsendungen an und hört derlei Ausdrucksweisen: „Das riecht sehr «aromatisch»!", entsteht vermutlich eine Erwartungshaltung dahingehend, dass es sich um ein appetitliches, wohlriechendes, feinschmeckendes Gericht handelt. Spricht ein Pathologe bei der Obduktion eines Leichnams in fortgeschrittenem Verwesungszustand von «aromatischem» Geruch, dann käme überaus unappetitliche, penetrante Geruchsnote wohl eher dem am nächsten, was mit der gewählten Formulierung tatsächlich gemeint gewesen sein dürfte.

Auf einen Nenner bringen, einen **gemeinsamen Verständnisnenner**, ein zuweilen nicht zu verachtendes Kunststück. Denn dafür die Basis zu schaffen, dass der eine mit «nails – Nägeln» nicht «Nägel aus dem Bereich der Technik» meint, wohingegen der andere zeitgleich an «Nägel aus dem Bereich der Anatomie» denkt. Begierig jemand beim Vernehmen von «aromatic – aromatisch» von leckerem Essen träumt, während jemand anderer evtl. gegen Übelkeit ankämpft. Man also komplett an einander vorbei spricht und/oder sich mental in gänzlich unterschiedliche Richtungen beschäftigt. Das ist fürwahr eine nicht zu verachtende Spitzenleistung. Ganz egal ob auf Deutsch oder Englisch in Erst- alternativ Zweitsprache kommuniziert wird.

Es geschah vor einiger Zeit. Ein unbedarfter «kleiner Critter» war damit beschäftigt sein neues Zimmer häuslich einzurichten. Gerade erst war er mit seiner Familie umgesiedelt. Überall standen noch Umzugskartons herum. Er räumte hin und er räumte her. So kam es dazu, dass er seinen Schulranzen vorübergehend auf dem Fenstersims platzierte. Wodurch er ungewollt etwas ins Rollen brachte. Wenig später klingelte es an seiner Haustür. Er unterbrach sein Werkeln, um nachzusehen, wer das denn sei. Vor ihm standen mehrere Wesen mit überaus großen Lächeln in den Gesichtern, gleichzeitig sehr erwartungsvollen Blicken. Was sie denn auf dem Herzen hätten, wollte er wissen. Entgeistert sahen sie ihn an, ihr Grinsen wurde kleiner.

Bald klärte sich auf, was sich hier zugetragen hatte. Im örtlichen Insiderkreis, dem Oberschülerclub, war das diskret verhohlene Erkennungszeichen für Bereitschaft auf ein kurzweiliges Partyabenteuer, zudem «sturmfreie Bude» eine Schultasche auf dem Fenstersims, nach außen zur Straße hin sichtbar abgestellt. Wovon der «kleine Critter» keinerlei Ahnung gehabt hatte. Was denken Sie, wie gestaltete sich das Gespräch? Könnten Sie es schreiben?

Worte im Kontext – ein und dieselben Worte je nach Zusammenhang – vermögen ihre Bedeutung drastisch zu ändern. Dazuhin geradezu in das Gegenteil umzuschlagen, was ihre <u>Implikation</u> <u>im</u> jeweiligen <u>Kontext</u> betrifft. Gesten, Codes, wie auch achtlos gesetzte Zeichen, können Dinge signalisieren, von denen man «keinen Schimmer – no clue, idea» hatte. Die man vermutlich nie vermocht hätte sich dergestalt zusammenzureimen. Will heißen, dass man selbst bei der allerblühendsten Vorstellungskraft höchstwahrscheinlich niemals dazu im Stande gewesen wäre, sich solcherlei auch nur im Ansatz beziehungsweise in Andeutungen auszudenken.

Standardsprache ist die Formvariante sämtlicher Nationalsprachen, die jedes Schulkind beigebracht bekommt. Welche gelegentlich unter Verwendung der synonymen Bezeichnungen Amts-, Hoch-, Schriftsprache, mancherorts Queen's, King's, BBC alternativ Oxford Englisch etc. bei kommunikativen Handlungen in der Öffentlichkeit gebraucht, überdies in sämtlichen Unterrichtsfächern, nicht nur beim [Fremd]Sprachunterricht eingeübt wird.

In **RP** = <u>Received</u> <u>Pronunciation</u>, das bedeutet in präzise normierter Standardaussprache. Weil die **Rechtlautung** ebenso belangreich ist, wie die regelkonforme Rechtschreibung. Hinzukommend wird diese Variante einer Einzelsprache selbstverständlich gleichfalls benutzt durch Presse, Rundfunk, sowie Fernsehen. Genau diese Sprachform kommt zur Anwendung im Zuge der Verbreitung von Nachrichten, Informationen, Berichterstattungen beispielsweise in Zeitungstexten, jedoch auch bei Kochrezepten, Gebrauchsanweisungen u. a.

Umgangssprache, generell auch als Normalsprache bezeichnet, ist der alltägliche mündliche Sprachgebrauch einer Einzelsprache. Sie orientiert sich zwar an der Standardsprache, wendet allerdings deren Regeln, Richtlinien, zugleich Maßstäbe nicht ganz so penibel vorschriftsgemäß an. Diese weniger komplexe, überregionale Gebrauchssprache, die im Alltag gesprochen wird, sporadisch bei Reality-Events, desgleichen vereinzelt frappant in Werbehypes, hat – wie alle aus eigenen Wahrnehmungen wissen dürften – einen betont informelleren Sprachstil, welcher variiert, je nach der involvierten Teilnehmer- vor allem Altersgruppe. Dinge kommen hinwieder zu Gehör, wie «Kohle, Knete, Schotter» für «Geld – money, moolah» oder «hau ab» bedeutend «go away, get lost, beat it» etc.

Sehr saloppe, teils barsche Umgangssprache käme dem englischen Ausdruck «slang» gleich. Ansonsten verkörpert diese Sprachvariante eher das, was weltweit standardmäßig als «common, colloquial, conversational language» verstanden wird.

Beim Wahrnehmen und Wahrgenommen werden, Verstehen und Verstanden werden ist der Weg das Ziel. Dies wussten bereits schon die alten Römer, weshalb sie als «flosculus – Blümchen» bezeichneten sprachlichen Zierrat benutzten. Floskeln, nichtssagende Lückenfüller, sind noch heutzutage aus der alltäglichen **Verkehrssprache** – bedeutet <u>nicht</u> enthemmte Verständigung im Straßenverkehr! – kaum wegzudenken. Egal, ob in Form von Redensarten ohne tiefere Bedeutung oder rhetorischen Fragen.

Schöne Redewendungen, wie sich «blumig» ausdrücken oder etwas durch das «medium of flowers» sagen, existieren noch in vielerlei unterschiedlichen Sprachen. Sie bedeuten im Grunde häufig nichts anderes als beispielsweise die freundlich umschriebene Ausübung von Kritik zu praktizieren mittels schmückenden Ausdrücken. Jedoch auch die vorsichtig ausgedrückte Übermittlung von unangenehmen Nachrichten fällt in diesen Bereich. Man fährt erfahrungsgemäß besser damit «verblümt – in a roundabout way», statt ohne Rücksichtnahme kom-

munizierte Details an den Empfänger zu senden.
Diese sollten, ebenso wie «Filler - Füllworte» in
Form von pausenüberbrückender «Phrase» unbedingt immer zum jeweiligen Anlass, überdies auch
zu der Persönlichkeit, hinzu dem Wesen der sie
verwendenden Person passen. Damit solche bei der
Begrüßung, beim „Mahlzeit – enjoy your meal –
guten Appetit" im Vorbeigehen oder „Gesundheit –
bless you" auf ein Niesen hin, nicht inhaltsleer,
nachgeahmt, unehrlich oder gekünstelt wirken,
sondern authentisch. Um keinen hämisch anmutenden, obendrein möglicherweise gar theatralisch
provokativen Nachhall zu haben. So dass sie mit
allem Drum und Dran die volle Macht, hinzu auch
die spektakuläre Magie von Sprachfähigkeit gepaart
mit Sprechfertigkeit entwickeln, entfalten plus ver-
sprühen können. Nun, Kleider mögen in der Tat
Leute machen. Wohlerwogene Worte, sind gewissermaßen die Gewänder, in welche die jeweiligen
Botschaften abhängig von Bewandtnis, Triebfeder,
Bestreben etc. pp. der Kommunizierenden mal
mehr, mal weniger konventionell gehüllt werden.

Gelegentlich wird sich eigentümlicher Sprach-
gestaltung bedient. Will jemand beispielsweise
einen Arzt-, Friseur- oder anderweitigen Termin
vereinbaren, dann in der Regel möglichst zeitnah.
Nur wenige haben Toleranz für Terminangaben wie

„**Nächsten** Donnerstag um «**fünf nach drei Viertel fünf**». Aber seien Sie um «fünf vor drei Viertel» hier, für die Vorabformalitäten". Nachfragen, wie: „In der laufenden Woche, diesen Donnerstag, also übermorgen «15.» (?) oder kommende Woche Donnerstag «22.» (?) zirka 16.40 Uhr?" sind vorprogrammiert, will man in Erfahrung bringen, was genau die Definition des Gegenübers von «nächsten Donnerstag – next Thursday» und «fünf nach» «fünf vor» «drei Viertel fünf» ist.

Zu guter Letzt dann, zum Termin pünktlich angekommen, auf die Anfrage, ob man lange werde warten müssen. „Sie kommen gleich dran. Ich muss nur noch schnell Herrn X «**hinrichten**», Frau Y «**fertigmachen**», danach den Vertreter «**erledigen**»". Handelt es sich hierbei lediglich um merkwürdige, bedeutungsgleiche Wortwahlen für «vorbereiten» respektive Synonyma für laufende Projekte «abschließen»? Ein taktisches Manöver, um die Mitmenschen zu irritieren? Reizvoll zum Nachdenken zu inspirieren? Wenn nicht, dann um eine Demonstration von ausgeprägter Kommunikationsminderbegabung? Vielleicht um Gedankenlosigkeit?

Definitiv ein «attention getter», denn unleugbar ginge es präziser. Ohne beirrte Fragen aufzuwerfen.

Oder sollte vielmehr genau das bewirkt werden? Also ein Impulsanstoß, um weitere kommunikative Aktivitäten zu initiieren und animieren? Unbefriedigend allemal. Darüber hinaus wenig auf den wissenswerten Kern gebracht.

Haben Sie schon einmal probiert Ausdrücke, wie: «fünf vor ....» bzw. «fünf nach ....» «drei Viertel fünf» «hinrichten» «fertigmachen» «erledigen» in Ihre Erstsprache zu übersetzen, falls DaF? Wie würden Sie sie ins Englische übertragen?

Da Menschen – sei es privat, wie auch beruflich – in der Regel nicht oder zumindest nur die allerwenigsten rein ausschließlich zum Zeitvertreib interagieren und kommunizieren. Plus vor allem, weil aus der Sicht vieler Personen «Zeit so wertvoll ist wie Geld – time is as valuable as money». Ebendeswegen nicht nur sinnvoll, sondern effektiv genutzt werden sollte. Letzten Endes indes kaum jemand über hellseherische Kräfte verfügt. Genauso wenig eine Kristallkugel besitzt, aus der er gewisse Dinge, wie aus dem Kaffeesatz ersehen kann, ist ganz wichtige Grundvoraussetzung, zur Vermeidung von Fehldeutungen, die äußerst präzise Wortlautabfassung. Nämlich, dass der Sender, egal ob als Sprecher alternativ Schreiber, sich treffend und keinen Zweifel lassend ausdrückt.

Dementsprechend nicht nur für sich selbst logische, zudem rein aus seiner eigenen Sicht schlüssige Formulierungsstile wählt, sondern für jeden unmittelbar Involvierten untrüglich einleuchtende Ausdrucksweisen anwendet.

Bisweilen scheint die Welt anzumuten wie ein merkwürdiger Ort. Manch einer mag sich wohl hin und wieder auch schon vorgekommen sein, als sei er im falschen Film gelandet. Mitunter sind einige interpersonelle Verständigungsversuche aus unterschiedlichsten Gründen, darunter fehlende sozialkommunikative Kompetenzen, schlechtweg prädestiniert dem Gegenüber ein fassungsloses „Hä? – Was? – Wie bitte?" zu entlocken.

Manche Dinge scheitern bevor sie enden. Andere bevor sie überhaupt wirklich beginnen. Einzig als Resultat der undefinierbar formulierten Darlegung von Anfragen, Absichten, sowie Einzel-/Feinheiten. Was dann wiederum zu Eindrücken, Folgerungen, eventuell falschen Deutungen, darüber hinaus Schiffbrüchen in Sachen Austausch plus Verständigung führen kann. Ab und an sogar zu einem El Dorado für alle Quizz- bzw. Rätselfans. Welcher speziellen Herangehensweisen an unergründliche Herausforderungen mit latentem Konfliktpotential im kommunikativen Bereich bedienen Sie sich?

Regionale Sprachformen, Mundarten, auch lokal begrenzte Dialekte, stellen Sprachtrainees zigfach vor ganz unorthodoxe Erfordernisse, mit denen sie im Unterricht praktisch nie in Berührung kommen. Wer nur die dialektfreie Schreibsprache, sowie Alltagsliteratur kennt, merkt sehr schnell, wenn er mit «Tach, Hallöchen, Grüezi, Hallihallo, Salü, Servus, Tagchen» oder «Moin» begrüßt wird, dass Deutsch nicht gleich Deutsch ist.

Durch «mingling with the crowd - sich unter die Leute mischen» ist es möglich vielerlei Eindrücke aus erster Hand zu gewinnen. Basierend auf eigenen Sinneswahrnehmungen. Somit selbst durch Direktkontakte Erfahrungen, beispielsweise im Rahmen von Wegbeschreibungen, hinsichtlich Sprachnormanwendung und Sprechweise der «Einheimischen – locals» zu sammeln. Alleine die vielen deutschen Wurst-, Fleisch-, Backwaren, Wein- und Biersorten außerdem deren Betitulierungen sind ein opulentes Spracherforschungsareal. Mancherorts werden Backwerke, wie «Brötchen – bread rolls, buns» als «Weck, Semmel, Schrippe, Laibchen, Weggli etc.» gehandelt. Oder «Berliner Krapfen – German jelly-filled doughnuts, Berliners» unter den Namen «Berliner Pfannkuchen, Küchle, Berliner Ball, Kreppel u. a.» zum Kauf und Verzehr angeboten. Die Wurstvielzahl ist ebenfalls beeindruckend.

Was eine «Currywurst» ist, dürfte international bekannt sein. «Thüringer, Frankfurter, Nürnberger, Bock-, Leber-, Weiß-, Fleischwurst etc.» daneben weit über tausend andere, nach typischen regionalen Rezepturen hergestellte Delikatessen laden immerfort ein zu Kostproben und wonnigen Kaufdialogen.

Sind Sie trotz gesunder Skepsis offen für Neues? Ohne Scheuklappen? Sprechen Sie Fremde an? Vertrauen Sie lieber auf GPS, Bringdienste? Kaufen Sie im Supermarkt ein? Gehen Sie zur Bedientheke? Sollten Ihnen kleinere Imperfektionen bei der Anwendung einer Fremd-/Regionalsprache unterlaufen, würden Sie sich wünschen, darauf aufmerksam gemacht zu werden? Von wem würden Sie entsprechende Korrekturhinweise annehmen?
Wie, denken Sie, sollten Gesprächspartner auf Inkorrektheiten hingewiesen werden, um Ihre [fremd]sprachlichen Weichenstellungen praxisnah Feinabstimmungen unterziehen zu können?

Exemplarisch: Sollte ein neuer Kollege, von dem Sie wissen, dass er anglophoner Muttersprachler ist, Ihnen auf die Frage hin, ob er sich gut eingelebt hat auf Deutsch mitteilen, dass es ihm hier eigentlich ganz gut gefällt, aber: „Die «Renten» sind so hoch!" Würden Sie nachhaken, um zu ergründen, was der «kleine Critter» damit tatsächlich meinte?

Denn Sinn ergibt es nicht wirklich, dass jemand hohe «Renten» moniert. Nachweislich versuchen Fremdsprachanwender nicht selten Ausdrücke einfach entsprechend artikuliert einzuflechten. Der englische Ausdruck «rent – Miete» diente vorliegend wohl zur Überbrückung. «Renten» korrekt ins Englische übertragen, bedeuten «old age pensions». Fakt, der hier den Verdacht bzw. Zweifel auslöste.

Umgekehrt geschieht derart auch sehr häufig, wenn Deutschsprachigen das englische Wort nicht zügig einfällt. Dann werden deutsche Worte englisch ausgesprochen, um nicht ins Stocken zu geraten oder ein Defizit erkennen zu lassen. Wenn also beim Firmengrillfest mit dem internationalen Team jemand äußert: "The «snakes» here are terrible «pests»!" Dann war vermutlich **was** gemeint?

Genau, der «kleine Critter» mag die lästigen «Schnaken, Stechmücken – mosquitos» nicht! Sie sind aus seiner Sicht «Plagegeister – pests», die den Spaß an der Freude verderben. «Snakes – Schlangen» mögen hier auch viele nicht, nur kommen sie lokal kaum vor. N.B. «die Pest – plague».

Welcher Verfahrensweisen bedienen Sie sich, um Gesprächspartner im Feedback auf einen einschneidenden Fauxpas aufmerksam zu machen?

Was bedeutet für Sie: He was «**fast**» asleep. (?)

Schlief er: «fest, tief» oder «beinahe, fast» (?)

Wie würden Sie «fast» auf Englisch aussprechen?

Wie a) oder b)?

a) [fast]

b) [ˈfæst]

Wie würden Sie «breaking **fast**» auslegen?

a) Schnell, hart bremsen?

b) Das Fasten unterbrechen?

Ähnlich «break**fast**» – als Unterbrechung des nächtlichen Fastens, um das «frühe **Stück**» Nahrung, das «**Früh**stück» einzunehmen, als Energiequelle für den neuen Tag?

Nahezu/fast – [fast] immer enthüllen Tonfall plus Körpersprache des Senders die kontextuelle Bedeutung eines E/D verquirlten Statements, wie etwa bei: "X «**spendet**» immer viel zu viel Geld!" Aktive Analyse des Empfängers ist gefordert: Wird <u>Tadel</u> «Geld **ausgeben** = to spend money» oder <u>Gutheißen</u> «Geld **spenden** = to donate money» übermittelt? Was «sagen» ihm seine Sinne, insbesondere seine Augen und Ohren? Sprachvermengung nach Gutdünken könnte den Empfängereindruck entstehen lassen: Dieser «kleine Critter» sagt nicht, was er meint – «er meint auch nicht, was er sagt», «das, was er sagt, meint er sicherlich nicht».

Das Verwendungsgebiet der deutschen Sprache erstreckt sich über die sechzehn Bundesländer der Bundesrepublik Deutschland hinaus. Es umfasst das Elsass, Lothringen, Ostbelgien, Südtirol, Liechtenstein, die Deutschschweiz, Luxemburg, Österreich, wird selbst noch in Namibia als Nationalsprache gesprochen.

Die genormte deutsche Standardsprache überspannt als Dachsprache den Großteil der regionalen Heimatsprachvarianten, die bis hin nach Rumänien, sogar in Südafrika zum Einsatz kommen. Bezieht mithin all jene Teile der Welt ein, in denen sich deutschstämmige Siedler einst niederließen.

Gleichzusetzten mit Deutsch als Fremdsprache mag es all jenen ergehen, die British Standard English erlernten, wenn sie zum ersten Mal mit einem der über vierzig Akzente fernerhin Dialekte in Berührung kommen, die im UK [Vereinigten Königreich von Großbritannien und Nordirland] unterschieden werden. Wie viele weitere lokale, ergänzend andere regionale Englischsprachvarietäten weltweit hinzukommen, ist übrigens unbekannt. Die erhebliche Ansammlung der unüberhörbar grundverschiedenen Redeweisen, sowie deren Verwendung in der Praxis selbst umfassend zu erforschen, dürfte einer von vielen Beweggründen für Fernreisen sein.

Fachsprachen = Technolekte enthalten vermehrt Ausdrücke überdies reichlich Formulierungen, welche charakteristisch sind für spezielle Berufsgruppen, Sachgebiete plus Branchen. Dieser komplexe Teilbereich der standardisierten Gesamtsprache beinhaltet vielerlei Termini, sich hinzugesellend ressortspezifische Begrifflichkeiten. Die Fachterminologie beispielsweise im pharmazeutischen, medizinischen, Luftfahrt oder IT-Bereich besteht beinahe durchgängig aus Fachvokabeln. Musterhaft der fachärztliche Begriff «**AI** – Artificial Insemination – künstliche Befruchtung». In der Regel Glücksgefühle auslösend, sollte diese zu einem gelungenen Ergebnis führen. Weswegen die Übermittlung der frohen Kunde sowohl dem Sender als auch deren Entgegennahme dem Empfänger große Freude bereiten, zudem in der Erinnerung von allen Beteiligten positiv, als aufsehenerregendes Ereignis eingeprägt bleiben dürfte.

Die Glossare in den Sparten Neue Medien und IT beinhalten überwiegend englischbasierte Fachsprache. Unzählige «browsen = stöbern, schmökern, durchblättern, sehen sich um usw.» d. h. surfen, recherchieren regelmäßig im Internet. Neuerdings unter der Benennung «googeln». Als vorteilhaftes Nebenprodukt werden weltweit die maßgeblichen Anglizismen identisch erfasst.

Eindeutige Anglizismen, wie: Fitness, Manager, Job auch Lehnwörter z.B. Professor, Museum, Pilot sind wegen ihrer Verständlichkeit allerseits populär.

Die «Strg» Taste. Wie nennen Sie diese?
a) «strong» Taste
b) «strange» Taste
c) «Steuerungs» Taste ggf. «Kontroll» Taste «Ctrl»

Herkömmlicherweise wird SOS als internationaler Notruf bzw. Hilfsanfrage verstanden und durch drei kurze – drei lange – drei kurze Morsealphabet Signale gesendet. Der Halloween Brauch «Süßes oder Saures – Trick or Treat» wird von neuzeitlichen, meist jüngeren Menschen zwar nonkonform, immerhin ideenreich mit SOS assoziiert.

Ob branchenabhängig mit «AI» – Artifizielle Intelligenz, All Inclusive, etwaig Automobil-Industrie, künstliche Befruchtung oder vielleicht etwas ganz anderes gemeint ist, erschließt sich den Beteiligten aus der jeweiligen Kommunikationssituation. «OD» kann beispielsweise stehen für «overdose – Überdosis»; «on demand – auf Anforderung, Abruf»; «oculus dexter – lateinisch für rechtes Auge»; «outside diameter – Außendiameter»; «overly dramatic»; «Ortsdurchfahrt» o. Ä. abhängig von Verwendungsumständen und Kontext.

Jede Sprache – nicht nur die deutsche und/oder die englische Sprache – besteht, wie zuvor erwähnt, aus mehreren **Teilsprachen**. Abgesehen davon gibt es in allen gängigen Sprachen eine Vielzahl von **Lehn**-hinzukommend **Fremdwörtern**. Diese entstammen unter anderem dem Lateinischen, Griechischen, Arabischen, Französischen, Hebräischen, Niederländischen, Spanischen, Italienischen u. a. Sie sind mit ursächlich für Sprachwandel, desgleichen Sprachdynamik. Kausal also für die Veränderung plus Entwicklung einer jeden Sprache.

Zum Beispiel folgende **konkrete** <u>Namenwörter</u>: «kindergarten, rucksack, bratwurst, hamburger, pretzel, quark, strudel, sauerkraut», um nur einige wenige der Dinge zu benennen, die man sehen, berühren, fühlen, essen, trinken, benutzen kann, wurden von Deutschstämmigen eingeführt. Sie werden unter anderem in dem ebenso multinationalen, wie multikulturellen Schmelztiegel Nordamerika vielfach verwendet. **True Friends** designieren Worte, die auf Deutsch und Englisch [nahezu] identisch sind. Aufzählung der vielseitig verwendeten **Wahren Freunde**, der «Germanismen – Germanisms» wäre üppig. Die importierten Mitbringsel aus «Good Old Germany», die sich als Kultur im Alltag etablierten, beinhalten auch gebräuchliche Adjektive, exemplarisch «kaputt, echt, wunderbar» und Verben «to yodel, to abseil, to halt etc.» mehrheitlich **ohne** vormalige Äquivalente in der Nehmersprache.

Sie sind überall dort zu finden, nicht ausschließlich in Kanada und den USA, wo deutsche Immigranten permanent ihren linguistischen Fußabdruck in Form von einigen aus der Heimat mitgebrachten Häppchen sprachlicher, kulinarischer, kultureller Andenken in Form von **Heimatgefühl** hinterließen.

Hinzu kommen die ohnehin von den gemeinsamen germanischen Wurzeln herrührenden beinahe identischen Wörter im Englischen, wie auch im Deutschen. Mustergültig: Der Finger – finger; der Arm – arm; die Hand – hand; der Winter – winter. Ähnlichkeiten, welche unverkennbar die Verwandtschaft belegen, finden sich in: der Hund – hound; trinken – to drink; das Haus – house; der Ochse – ox und übergenug weiteren. Fallen Ihnen welche ein?

Auch **abstrakte** Namenwörter, vorbildhaft: «Fasching, Oktoberfest, Trachten, Christkindlsmarkt, bayerische Gemütlichkeit» zählen zum Bestand der eingeführten, zugleich übernommenen Ausdrücke, Bräuche, wie auch Traditionen. Sie fördern ähnlich Anglizismen, Germanismen, sprachlich verwurzelte Gemeinsamkeiten, ein leutseliges Miteinander.

Lehnwörter, alle aus einer Quell- respektive Geber-
sprache entliehenen Vokabeln, unterscheiden sich
von Fremdwörtern dadurch, dass sie in der Ziel-
bzw. Nehmersprache in Betonung, Schreibweise,
gegebenenfalls Deklination, Flexion, Konjugation
der Landes-, Regional-, Staats- vereinzelt Provinz-
sprache angepasst wurden. Daher, ungleich Fremdwörtern, keine Fremdheitsmerkmale aufweisen.
Insofern die jeweilige Sprache nicht im Entferntesten «verfremden». Diese vielmehr bereichern,
darüber hinaus im Zuge von linguistischer
Evolution weiterentwickeln. Allerdings nur solange
und sofern richtig, d. h. nicht verhunzt angewendet.

In Nordamerika werden von der etwa vierhundert-
vierzig Millionen Menschen umfassenden Bevöl-
kerung zirka dreihundertvierzig Sprachen geschrieben und/oder gesprochen. Davon sind ungefähr
einhundertachtzig indigene Sprachen der First
Nations, somit uramerikanischen Ursprungs. Rund
fünfzig Millionen der nordamerikanischen Staats-
bürger sind von deutschen Vorfahren abstammend.
Die amerikanische Variante der englischen Sprache, die im Rahmen der inneren Besiedelung durch
moderne Europäer eingeführt wurde, wird von den
meisten Einwohnern im nördlichen Teil des
amerikanischen Doppelkontinents in Wort und
Schrift beherrscht.

Durch das British Empire breitete sich die englische Sprache ab dem 16. Jahrhundert weltumspannend aus. Sie wurde zur größten Erfolgsgeschichte, die eine Sprache wohl je erlebte. Heutzutage dient das aktuelle, moderne Englisch global als Kommunikationsbasis in Handel, Wissenschaft, Politik etc. pp.

Da die USA, was nicht alle zu wissen scheinen, keine Amtssprache auf Bundesebene de jure festgelegt haben, wird die amerikanische Variante der englischen Sprache «General American – GenAm/GA» de facto als Standardlandessprache erachtet.

Es gibt ein Gerücht – das besagt, dass um ein Haar Deutsch Amtssprache in den USA geworden wäre – welches in der «Muhlenberg-Saga» überliefert ist. Dieser Legende zufolge soll es der Stimme des deutschstämmigen Amerikaners Frederick Muhlenberg zu verdanken respektive geschuldet sein, dass eine Gesetzesvorlage Deutsch als offizielle Landessprache in Pennsylvania einzuführen scheiterte. Seine Erklärung: „Je schneller die Deutschen Amerikaner werden, desto besser", soll den Ausschlag für die englische Sprache gegeben haben. Das Gerücht um die «Muhlenberg-Legende» wurde veröffentlicht im Jahr 1847 in dem Werk «Geschichte und Zustände der Deutschen in Amerika» durch Franz von Löher.

Sprache, Inklusion plus Integration, sind keine neuen Thematiken. Ebenso wenig wie das Konfliktfeld, welches sich zwangsläufig auftut aus dem Unvermögen in einem gegebenen Sprach- alternativ Kulturumfeld, rational, emotional, instinktiv kommunizieren, folglich interagieren zu können.

Vielfach geht es den im eigenen Geburtsland mit Sackgassen in Berührung kommenden, unkundigen Außenstehenden allerdings mehr darum, sich einen Reim auf die Fakten plus Spitzfindigkeiten machen zu können. Nicht verstehen, sich unwichtig vorkommen, dazu noch in einen Irrgarten aus fremdsprachigen Hieroglyphen befindlich. Sich gar ausgeschlossen fühlen, das bekümmert etliche.

Grämt heutzutage nicht nur Menschen, die selbst bei dem Fernsehprogramm im eigenen Land nicht mehr durchblicken. Großeltern, die ihre Enkel in Bezug auf Sprachgebrauch und Lebensart nicht verstehen. Teils im eigenen Reich, wenn diese beispielsweise von «streamen, ghosten, sheesh» sprechen oder «lol, CU, n8, 1-2-1, f2f» schreiben. Sondern auch Leidende, die einen Befund nicht vollumfänglich begreifen. Sich daher gelegentlich unbegründete Sorgen machen, womöglich sogar grundlos Ängste durchleben. Standardsprachlernende natürlich ebenfalls, weil oftmals die gegenständliche, bisweilen gedankenlos gewählte Ausdrucksweise – Wortlaut plus Wortwahl – sie sich ausgegrenzt fühlen lässt.

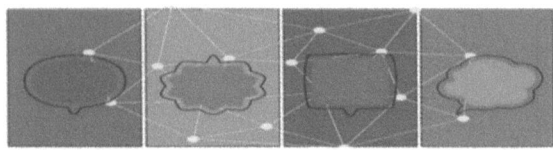

Bitte fragen und beantworten Sie sich selbst folgendes:

Was könnte Ihrer Ansicht nach ursächlich sein für die Popularität von kultigen Kürzeln?
Flechten Sie, wenn Sie innerhalb Deutschlands mit Deutschsprechenden kommunizieren, Anglizismen in die «Komposition» Ihrer Unterhaltungsbeiträge ein, obwohl es ein treffendes deutsches Wort gibt?
Gebrauchen Sie Akronyme, trendige Kurzworte, auch modern gewordene Pseudoanglizismen?
Nervt es Sie, wenn Sie gewisse Nachrichten recherchieren müssen, um diese zu verstehen?
Legen Sie mehr Toleranz und Nachsicht an den Tag gegenüber Kindern plus Personen, die Sie durch die «rosarote Brille – rose-tinted glasses» betrachten, in Bezug auf Sprachgebrauch, im Vergleich zu denjenigen, die Sie nicht mögen oder auch solchen, die Sie als Ihnen ebenbürtig erachten?
Machen Sie als Mensch mit intellektuellem Scharfsinn jede sprachbezogen aktuelle Tendenz mit?

Humor ist eine delikate Angelegenheit, ein Türöffner, Brückenbauer, hinwieder Eisbrecher. Manche denken, die Deutschen besäßen keinen. Dabei lachen viele deutsche Menschen sehr gerne und oft. Miteinander unter Verwendung von Herz und Verstand, persönlich, direkt, von Angesicht zu Angesicht. Vielleicht verstehen Sie den Ulk in dieser kleinen humorigen Kostprobe: Ein wortkarger «kleiner Critter» begrüßte längere Zeit sein Nahfeld immer nur mit: „Morgen". Bis einer seiner Mitmenschen es ihm schließlich heimzahlte, in Form von: „Morgen ist Donnerstag". Seitdem begrüßt er seinen Umkreis stets mit: „Guten Morgen".

Wortspiele, gutmütige Streiche, ein wenig Spaß, wie etwa bei «guten Morgen – good morning» und «morgen – tomorrow». Kleine Anekdoten, genauso lustiger Unfug, funktionieren übrigens in beiden Parlance-Richtungen. Der berüchtigte «britische» Humor ist zuweilen auch nicht einfach zu verstehen. Erfordert vereinzelt sehr tiefgehende Kenntnisse von Land und Leuten. Wie spricht man den neuen Chef aus England korrekt an? Ein «kleiner Critter» entschied sich für: "Good morning, Sir X." Was denken Sie erhielt er zur Antwort? Nun, die lautete: "Please, don't call me Sir. I work for a living." Erkennen Sie den Schalk? Sir, als erlauchte Anrede, nicht als Titel, erfolgt stets ohne Namensangabe.

Alles, was man kundtut, jede Nachricht hat **vier Seiten**, vier Aspektebenen: Erstens den Inhalts- auch Sachaspekt genannt, die Sachinformation. Die konkrete, stichhaltige Mitteilung des Sachverhaltes. Zweitens den Beziehungsaspekt: Dadurch, wie an das Gegenüber herangetreten wird, wird in erster Linie simultan mitbekundet, was von ihm gehalten wird. Drittens den Selbstoffenbarungsaspekt: «Wenn jemand etwas von sich gibt, dann **gibt** er auch **etwas von sich**». Was bedeutet, dass jede Botschaft im Grunde eine kleine Kostprobe von der Persönlichkeit des Senders ist. Des Weiteren von dessen Motiven, Zielen, Emotionen etc. Viertens den Appellaspekt, denn gibt jemand etwas von sich, so will er in der Regel etwas ganz Spezielles damit bewirken.

Das Themengebiet – manchmal in Problemform – von Einfluss, wie auch Manipulation, stellt sich nicht nur in den Bereichen der Informationsunterbreitung, Werbung, Propaganda, Erziehung, Unterricht, Beratung usw. Sondern ebenso bei allerlei menschlichen Eigenarten, darüber hinaus Kommunikationsweisen. Die präzise Formulierung dessen – so dass der Empfänger weder spekulieren, noch es erraten muss – was exakt an ihn bekanntgegeben, überdies von ihm erwartet wird, ohne jeglichen Hypothesenfreiraum diesbezüglich offen zu lassen, ist von entscheidender Substanz für den Kommunikationserfolg.

Von größter Wichtigkeit ist allemal, dass am Ende der Empfänger sich nicht sprachlos vor Erstaunen wundert: «Was war das denn? Was um Himmels Willen sollte das?» Sowohl die nicht unerheblichen Folgeerscheinungen als auch die nachhaltig belangvollen Konsequenzen von **Ursache** und **Wirkung**, sollte der Sender niemals unterschätzen.

Teilt man jemandem etwas mit, dann enthält die Nachricht die vorstehend genannten vier bedeutsamen Seiten: <u>Sachinhalt</u>, <u>Beziehungshinweis</u>, <u>Selbstoffenbarung</u> und <u>Appell</u>. Die unabdingliche Verständlichkeit von Informationen steht ebenfalls auf **vier Säulen**, diese sind: **Deutlichkeit** in der sprachlichen Formulierung. **Struktur**, zugleich Ordnung im Aufbau der Mitteilung. **Kürze** plus Bündigkeit, anstelle von weitschweifiger Ausführlichkeit. Darüber hinaus zusätzliche **Stimulierung** durch Verwendung anregender Stilelemente.

Vier essentielle **Pfeiler**, um die Aussage- nebst Überzeugungskraft zu erhöhen. Die Wirkung, hinzukommend Aufmerksamkeit zu maximieren. Damit übermittelte Informationen sich in der Erinnerung des Empfängers verankern. Menschzentrierte

Kommunikation nach dem altbewährten **KISS** (Keep It Simple, Stupid – alternativ – Keep it Short and Simple) **Prinzip**. Auf gut Deutsch: «Halte es kurz und einfach» oder mit anderen Worten «Drücke dich klar und verständlich aus». Diese Weise von Sprachsystemanwendung, bei der alle Involvierten mit den Zeichenbedeutungen perfekt vertraut sind, minimiert nicht nur das Risiko missdeutet zu werden. Sondern erhöht definitiv die Wahrscheinlichkeit, dass auch im Spracherproben befindliche Beteiligte die maßgeblichen Signale, desgleichen Inhalte korrekt verstehen.

Insofern die Vorstellungen aller synchron laufen. Geübte «nennen daher das Kind beim Namen – call a spade a spade». Bilden kurze, prägnante Sätze. SPO – Subjekt, Prädikat, Objekt. Ausschließlich auf diese Machart, einzig dadurch fest umrissen «Ross und Reiter zu nennen – to name names, i. e. tell things as they are», hat der Inhalt einer Nachricht eine überdurchschnittliche Chance, dass sich die Vorstellungen des Empfängers hochgradig mit den inhaltlichen Senderintentionen decken.

Fazit: Jede/r Einzelne trägt zentral bei zu der Eliminierung von Verständnisschwierigkeiten. Durch im Rahmen von sozialer Kommunikation, sowohl intelligent, als auch empathisch wohlüberlegt selektierte **Sprachsystemverwendung**. Mit anderem Namen: «Durch Vermeidung anderen genau das anzutun, was vermutlich keiner sich selbst angetan haben möchte». Dies dient der Sicherstellung niemanden sprachlich auszubooten.

Weder die Jüngeren, noch die Älteren, keine nicht Einheimischen, auch nicht die Menschen des anderen Geschlechts. Alles, was dafür vonnöten ist, ist ein weitsichtiger, konstruktiver Formulierungsstil, zudem die strikte Vermeidung von willkürlichem **Code-Mixing**. Weil <u>Kodevermischungen</u> beinahe ausnahmslos dazu führen, dass die senderseitig getätigten Äußerungen nicht für alle Empfänger schlüssig sind.

Alleine schon durch ein ganz klein wenig Talent, in Kombination mit viel Willenskraft, werden Verständigungskomplikationen, potenziell unüberbrückbare Sprachbarrieren, daher rührende Differenzen, etwaige Vorurteile, nicht in Einklang zu bringende Gegensätze, unterschiedliche Sichtweisen, Hemmungen, Generationskonflikte, Exklusion, sowie vieles andere mehr, ganz unbürokratisch überwunden alternativ im Vorfeld bereits auf disziplinierte Weise vermieden.

Die Lebenserfahrung lehrt uns, dass der Sprachgebrauch, wie auch das Verhalten im Gespräch, stark davon abhängen, welche Rolle in der jeweiligen konkreten Situation eingenommen wird. Exemplarisch in der Funktion als Sender respektive Empfänger im Eltern – Kind; Gastgeber – Gast; Arzt – Patient; Kunde – Verkäufer; Chef – Angestellter; Lehrer – Schüler etc. pp. Verhältnis.

Man darf hierbei weder beim Sprechen noch im Benehmen beziehungsweise Auftreten «aus der Rolle fallen – forget one's part» alternativ «außerhalb der Reihe tanzen – get out of line», sich auch nicht «neben der Spur – all over the place» oder «OCC – out of character – rollenwidrig» äußern. Denn obgleich es mehrere Teilsprachen gibt, ist in jeder spezifischen Gebundenheit an Umstände, Sachlage, wie auch Konstellation meist nur eine einzige angesagt. Beispielsweise bei einem Unfallbericht die Standardsprache. Am familiären Mittagstisch gemeinhin die Umgangssprache. Auf dem Schulhof mehrheitlich die Jugendsprache. Mit Kunden in der jeweils angesagten Fachsprache.

Tunlichst vermieden werden sollte, mit dem Vorgesetzten so zu kommunizieren, wie mit seinem Kind gegebenenfalls Partner und umgekehrt. Gleichermaßen tabu, außerdem äußerst deplatziert ist – um ein Beispiel zu benennen – im Beisein Dritter, bei einem gemeinsamen Essen etwa, seinen Liebsten mit Koseworten, wie exemplarisch «Dickerchen – fatso» alternativ «Stinkerchen – stinky» anzusprechen, um Verlegenheit und/oder Peinlichkeiten vorzubeugen.

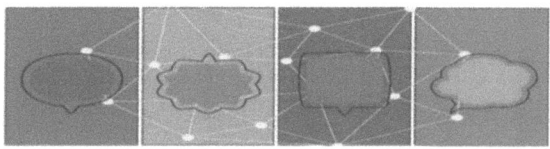

Bitte fragen und beantworten Sie sich selbst folgendes:

„Herr Doktor, mir tut so der Fuß weh!", dabei wird allerdings auf die Hüfte gezeigt.
Erlebten Sie derartiges auch schon?
Wurden Sie irgendwann Zeuge von Situationen, bei denen jemand sich total **im Ton vergriff**?
Wie vertreiben Sie sich Wartezeiten, damit Ihnen die Zeit kurzweiliger erscheint?
Suchen Sie Kontakt mit Fremdlingen, um möglichst viele Sprachvarietäten leibhaftig auszutesten?
Wenn Sie im Imperativ angesprochen werden, wie reagieren Sie?
Gibt es in Ihrem Heimatland im Volksglauben Bräuche, wie zum Beispiel «Aprilscherz»?
Oder «Glücksbringer»? Auch «Pechbringer»?
Bitte beschreiben Sie diese. Vielen Dank.

Lassen Sie uns ein wenig rekapitulieren, denn **Reflexion** tut gut! Mündlicher und schriftlicher Sprachgebrauch sind in der Regel nicht identisch. Sie unterscheiden sich vor allem in Satzstruktur, Tempus, zudem auch Ausdrucksmöglichkeiten. Der Satzbau ist bei der mündlichen Sprachverwendung meistens kürzer, obendrein einfacher, im Deutschen wie auch im Englischen. Außerdem gesellen sich beim mündlichen Deutsch- und Englischsprachgebrauch zur Standardsprache verschiedenerlei Varietäten zu der im Unterricht gelehrten Sprache hinzu, ähnlich einem facettenreichen Diamanten. Unter Fremd-/Sprachkönnern finden gewollte, perfekt geschliffene sprachinterne, zudem sprachübergreifende Kodeumschaltungen statt zwischen D/E & E/D, Baby-, Kinder-, Frauen-, Männer-, Jugend-, Fach-, Wissenschafts-, Literatur-, Umgangssprache u. v. a. Wodurch der «rough diamond – Rohdiamant» SPRACHE zu einem echten Brillanten, einem «fine diamond – feinen Diamanten» in Reinkultur wird.

Bei der interpersonellen Kommunikation in Schriftform kommt es, weil im Zweifelsfall vielmals beim Autoren nicht nachgefragt werden kann, auf den präzisen, eindeutigen, logischen, wie auch widerspruchsfreien Ausdruck an. Beim Schreiben hat man die Möglichkeit seine Gedanken, dementsprechend Worte auszuformulieren, überdenken, revidieren, korrigieren. Man hat im Allgemeinen mehr Zeit, als beim Sprechen. Reden miteinander ist spontan. Im Bruchteil von Sekunden kommen Worte über die Lippen. Oft irreversibel. Manchmal irreparabel.

Kommunikation, Eingliederung, speziell Teilhabe, sind gelegentlich emotionale Minenfelder. Genauso wie die Spirale, die sich unweigerlich ableitet aus der eigenen Insuffizienz in einem fremden Sprach- bzw. Kulturgepräge adäquat interagieren, erst recht in Ermangelung **innersprachlicher Mehrsprachigkeit** alles durchschauend mitreden zu können.

Sich in entscheidenden Situationen nicht überwältigen zu lassen ist allerdings häufig weniger eine Sache der Sprachgewandtheit, als vielmehr der Selbstsicherheit. Man braucht nicht zigtausend Worte in einer beliebigen Sprache zu kennen. Ein solides Grammatikfundament und den persönlichen Lebensumständen gerecht werdender **Grundwort-**

schatz, in korrekter Lautung artikulierbar, dürften ausreichen, um im Stande zu sein, sich den eigenen Wünschen entsprechend auf Deutsch und Englisch zu behaupten. Das den individuellen Bedürfnissen Genüge leistende Sprachgut genügt, um anderen gegenüber nicht zu leicht nachzugeben. Akzeptanz zu gewinnen, seine Meinung zu äußern. Falls erforderlich berechtigte Kritik zu üben. Aufrichtigkeit, ohne ein Blatt vor den Mund zu nehmen. Die Dinge so zu sagen, wie sie situationsbezogen empfunden werden. Einschließlich der Aus- zudem Nachwirkungen, die sich daraus ergeben mögen. Dies, um mit Spaß und Freude an der Sache mehrsprachig zu kommunizieren. Hinzukommend immer wieder Neues zu erleben. Bislang unerforschte Paradise zu erschließen. Weil man persönlich, sowie sachlich mit einander klarkommt.

Gleichwohl sind Austausch- gegebenenfalls Mitteilungsprobleme meist nicht auf mangelndes Vokabularium, möglicherweise auch Defizite in deutscher alternativ englischer Grammatik und Sprachgebrauch etc. pp. der Gesprächspartner zurückzuführen. Sondern auf von muttersprachlichen Struktur- bzw. Denkmustern herrührenden Fallgruben bei der Fremdsprachanwendung. Besonders verbreitet sind Handicaps in den Bereichen sauber differenzieren und/oder verschmelzen zu können.

Was wiederum dazu führt, dass schaurige Stilblüten verlautbart werden, wie nachfolgend: Ausgelöst durch die drei Substantivgenera im Deutschen in Relation zu unbelebten Dingen, die im Englischen immer geschlechtsneutral «it» sind: The computer here, «**he**» is very fast. – Der Rechner hier, er ist sehr schnell. I like the bag. «**She**» is very beautiful. – Ich mag die Tasche. Sie ist sehr schön ….

Auffällig bei Präpositionen: «**Vor**» fünf Jahren war ich in London. – «**For**» five years I was in London. Irgendwie klingen sie in der Tat mehr als ähnlich, sprachübergreifend geradezu trügerisch:

[fɔːr] – **four** = vier

[fɔː] – **for** = für

['vɒ] oder [vɒ] – **vor** = temporal: ago; local: in front of etc. Zündender Stoff für künftige Lektüre.

Oftmals verlangen «Sound Alikes» dem menschlichen Gehirn Schwerstarbeit ab. Erinnern Sie sich? Auf Seite 113 wurden Sie gefragt: Wo lesen/hören Sie: **your**? Wo: **you're**?

Wussten Sie es? Haben Sie es recherchiert?

BE [jɔːʳ] auch [jʊəʳ] = **your**, AE [jɔːr]

BE [jʊr] auch ['juɹ] = **you're**, AE ['jʊɹ]

Englisch: ['maɪn] – mine. Deutsch: [main] – mein

E: ['aɪz] – eyes. Auch: ['aɪs] – ice. D: [aɪ̯s] - Eis

Ob sprachübergreifend mit «Drachen – kite» oder «dragon» gemeint ist, mit «Geschichte – history» bzw. «story» eventuell mit «Schatten – shade» alternativ «shadow» erschließt sich jeweils aus den entsprechenden Kontexten. Genauso wie in den Fällen von: Bein-haltung und Be-inhaltung; Druck-erzeugnis vs. Drucker-zeugnis; story – storey; Pils – Pilz …. Fallen Ihnen noch weitere Exempel ein?

Beim Erlernen von Fremdsprachen, kernhaft in der Schule der Sprachanwendung, spielen Lautschriften eine beachtliche Rolle. Phonetische Schriften sind die Zeichensysteme zur detailgenauen Aufzeigung der präzisen Aussprache von allen unterscheidbaren Einzellauten. Das Internationale Phonetische Alphabet (**IPA**) wird hierzu weltweit am häufigsten verwendet. Gewissermaßen in allen Lehrwerken und Wörterbüchern. Auch bei der Programmierung von KI-basierten Spracherkennungssystemen. Deshalb tunlichst nicht in walisischer, Südstaaten, schwäbischer, sächsischer alternativ anderer Mundart mit solchen oder im Spracherwerb Befindlichen kommunizieren. Außerdem bitte niemals vergessen, dass Dialekte sich oft nicht an die einstudierten Grammatikregeln zur Standardsprache halten.

Der Antrieb, das Streben vieler, denen an gelungener **interpersoneller Kommunikationspräzision** –

privater, wie auch beruflicher Art – gelegen ist, unterliegt generell einer ständigen Kombination aus unterschiedlichen Faktoren. Einerseits: menschlicher; andererseits: sprachlicher Natur. Ab und an gerät in Vergessenheit, dass bei dem «Diamanten **Sprache**» fürwahr eine bemerkenswerte Abgrenzung heraussticht zwischen echt und perfekt.

Förderlich ist allemal, wenn langsam, bedächtig, deutlich vernehmbar, möglichst wohlformuliert in Standardsprache kommuniziert wird. Vorrangig mit Personen, die offensichtlich immens bemüht sind, sich in einer ihnen nicht vollumfänglich geläufigen Sprachvariante zu verständigen. Kommunikationsvorgänge können durch sachdienlichen Sprachgebrauch, Intonation, Mimik, Gestik, Verhalten etc. wesentlich beeinflusst werden. Die Gesprächspartner sollten an allererster Stelle stets das Gefühl haben im Dialog gleichberechtigt zu sein.

Mittels aktiven Zuhörens unter Verwendung von Kommunikationsförderern, wie offenen Fragen, Denkanstößen, Bestätigung der Äußerungen des Gesprächspartners, dessen Ermunterung zum Weitersprechen, Informationsfragen, dazu sinngemäßen Wiederholens des Gesprächsinhaltes, kann eine Unterhaltung indirekt gesteuert werden. Der Gesamteindruck des Gegenübers plus der Anlass des

Gespräches sollten bei der Auswertung der verbalen, ebenso nonverbalen Signale eine entscheidende Rolle spielen. So dass man sich entweder an dem Erfolgsergebnis erfreuen kann. Alternativ die Entscheidung treffen, aus der erlebten Situation <u>Lehren</u> zu <u>ziehen</u>. Dahingehend, was man bei der nächsten kommunikativen Interaktion besser, etwas geschickter oder andersgeartet machen könnte. Denn wir sind Menschen. Wir vermögen das zu tun, was nur Menschen können. **Wir entscheiden**, was wir uns zu Herzen nehmen wollen. Was wir tun werden. Trauen Sie sich! Nur Mut, setzen Sie es in die Tat um. Kann ich nicht, ist hierbei keine Option. Profitieren Sie voneinander durch erproben von: «DIY – Mach es selbst» in der Praxis. Gänzlich gemäß dem Leitgedanken:

Übung macht den Meister, in ALLEN BEREICHEN!
Practice makes perfect, in ALL AREAS!

FSC
www.fsc.org
MIX
Papier | Fördert
gute Waldnutzung
FSC® C083411

Zeitfracht Medien GmbH
Ferdinand-Jühlke-Straße 7
99095 Erfurt, Deutschland
produktsicherheit@kolibri360.de